달달 읽고 곰곰 생각하는,

달곰한
문해력 기본서

3~4학년 추천

초등
3단계
B

문해력은 글을 읽고 쓰는 기초 능력이자

글을 이해하고 분석하고 비판하고 문제를 해결하는 고도의 능력입니다.

그래서 기본기 없이는 문해력을 갖기 어렵습니다.

그렇다면 문해력의 기본기를 탄탄하게 하기 위해서는 무엇을 해야 할까요?

바로 글을 이루는 기본 단위부터 글을 정교하게 읽는 방법까지

개념 하나하나를 익히고, 그 개념들을 엮고 활용하는 훈련을 해야 합니다.

달콤한 문해력 기본서를 한 학년 동안 익히면 40개의 개념 퍼즐을 맞추게 되고,

전 학년 익히면 200개의 개념 퍼즐을 완성하게 됩니다.

그러면 우리가 상상하는 것보다 더 근사하고 굉장한 힘인 '문해력'을 갖게 될 것입니다.

문해력, 왜 필요한가요?

한 번 읽었던 지문은 이해도 잘 되고, 문제도 잘 풀어요.
그런데 다른 과목처럼 실력이 쌓이는 것 같지 않아요.
새로운 글을 읽을 때마다 다시 처음부터 시작이에요.

지금, 문해력의 기본을 익혀야 합니다.

용어만 다를 뿐 독해력과 문해력은 같은 것 아닌가요?

국어 공부뿐만 아니라 다른 과목의 학습을 위해서 둘 다 꼭 필요한 능력이지만 분명한 차이가 있습니다.

독해력
- 글을 읽고 이해하는 능력
- 글의 정보를 이해하고 이를 바탕으로 다양한 문제를 풀고 표현하는 능력

문해력
- 글을 읽고 이해하고, 분석하고, 표현하는 능력
- 글의 정보를 이해하고 글 속에 담긴 의도와 맥락을 분석하고 비판하는 능력

시험이 목표라면 독해력을 향상시키는 연습이 더 중요할 것이고,
국어 실력 향상이 목표라면 문해력으로 기본기를 탄탄히 다져야 합니다.

문해력인데 왜 교과서 개념으로 익혀요?

국어 교과서
- 말하고, 듣고, 읽고, 쓰는 활동을 배우는 과목
- 다른 과목의 내용까지 읽고 이해할 수 있도록 문해력 향상의 기본이 되는 과목

어떤가요?

문해력의 기본은 교과서 개념으로 다져야겠지요?

문해력 기본서는 일석삼조(一石三鳥)가 됩니다.

문해력의 기본을 익힌다

각 학년의 교육 과정에 있는 국어 교과서 개념을 다루어서 교과서 개념 학습을 따로 할 필요가 없습니다.

다른 과목의 자료를 읽고 이해하며 학습한 것에 대한 수행 평가를 하는 데에도 큰 도움이 됩니다.

다양한 글을 비판적으로 분석하고 표현하는 능력은 중고등학교 학업 성과를 높이는 단단한 기초가 됩니다.

"달콤한 문해력 기본서와 함께 문해력 공부를 시작해 보세요"

문해력은 아이들의 미래를 결정짓는 가장 중요한 능력 중 하나입니다. 현대 사회에서 문해력은 단순히 글자를 읽고 쓰는 수준에 그치지 않고, 다양한 정보를 이해하고 분석하며, 자신의 생각을 논리적으로 표현하는 능력으로 확장되고 있습니다. 문해력은 **우리 아이들이 사회의 주역으로 성장하는 데 반드시 갖추어야 할 필수적인 능력인 것입니다.**

언론을 통해 문해력 저하를 우려하는 뉴스와 기사들을 종종 접합니다. 학교 현장에서 아이들을 가르치는 선생님들도 초등학생의 문해력 저하 현상을 실제로 체감하고 있습니다. 뿐만 아니라 다양한 연구 결과에서 문해력 저하와 관련된 지표들이 보고되고 있습니다. 교육 당국에서는 초등학생의 문해력 신장을 위해 다양한 정책을 추진하고 있습니다.

이런 흐름 속에 '달콤한 문해력 기본서' 시리즈가 우리 소중한 아이의 문해력 향상을 목표로 출판되었습니다. 달콤한 문해력 기본서는 **초등 학교 국어 교과서에서 제시하는 기본 개념을 좋은 글과 함께 익힐 수 있도록 구성**되었습니다.

달콤한 문해력 기본서가 우리 아이의 문해력 향상에 큰 도움을 줄 것이라고 생각합니다.

문해력은 아이들이 잠재력을 최대한 발휘하면서 행복한 삶을 살아가는 데 필수적인 능력입니다.
우리 아이들이 스스로 생각하고 판단하며 세상과 소통할 수 있도록,
지금부터 달콤한 문해력 기본서와 함께 문해력 향상을 위한 노력을 시작해 보세요.

추천사 **방은수 교수님**

100명의 검토 교사 명단

신건철	서울구로초등학교	공은혜	서울보라매초등학교	이내준	서울신곡초등학교	홍현진	삼은초등학교	박장호	신곡초등학교
조민의	서울봉현초등학교	양수영	서울계남초등학교	전채원	인천봉수초등학교	박병주	김천동부초등학교	이상명	검산초등학교
박소연	서울연가초등학교	조원대	글빛초등학교	김 솔	양서초등학교	김희진	보름초등학교	윤지현	서울대치초등학교
김광희	인천연안초등학교	김나영	대전반석초등학교	정선우	대구하빈초등학교	김성신	수현초등학교	조보현	성산초등학교
김성혁	서울가인초등학교	이화수	인천용학초등학교	안기수	관호초등학교	김효주	현동초등학교	정진희	다솜초등학교
선주리	송운초등학교	길수정	천안삼거리초등학교	이용훈	군서초등학교	강수민	대전변동초등학교	최흥섭	대구한실초등학교
서미솔	서울우이초등학교	박은솔	샘말초등학교	최이레	구미원당초등학교	김유나	인천완정초등학교	박한슬	부곡중앙초등학교
김은영	서울신상계초등학교	이상권	인천백석초등학교	구창성	대구월곡초등학교	김석민	인천부평서초등학교	이상은	세종도원초등학교
박원영	서울도림초등학교	정대준	서울가동초등학교	김재성	수현초등학교	박기병	청원초등학교	한동희	대구세천초등학교
최보민	인천해서초등학교	박다솔	신일초등학교	오인표	인천새말초등학교	이기쁨	천안성성초등학교	이영진	신곡초등학교
차지혜	서울누원초등학교	양성남	새봄초등학교	이석민	상탄초등학교	정하준	천안성성초등학교	노희창	문산동초등학교
이근영	서울대방초등학교	백신형	서울증산초등학교	이경희	남양주월산초등학교	배민지	미사초등학교	정민우	참샘초등학교
윤우덕	서울가인초등학교	김나현	인천당산초등학교	김동희	청옥초등학교	허영수	구미신평초등학교	박혜란	수양초등학교
정혜린	서울구룡초등학교	조상희	남양주월산초등학교	이서영	신현초등학교	최흥섭	대구한실초등학교	정금향	한가람초등학교
김일두	성복초등학교	이동민	구미봉곡초등학교	최병호	인천장수초등학교	이동훈	서경초등학교	조소희	참샘초등학교
이혜경	개정초등학교	정광호	아름초등학교	김연상	하안북초등학교	박빛나	목포옥암초등학교	배장헌	구미인덕초등학교
이지현	서울석관초등학교	최지연	서울원명초등학교	조예진	부천중앙초등학교	심하루	세종도원초등학교	김규연	금란초등학교
박다빈	서울연은초등학교	이정민	부천대명초등학교	정혜란	서울행현초등학교	이연정	서울길동초등학교	김고운	구미신평초등학교
김성은	서울역촌초등학교	김성현	인천용학초등학교	서정준	인천부평서초등학교	윤미정	차산초등학교	정요원	갈매초등학교
이지윤	대구새론초등학교	심지현	시흥월곶초등학교	김효주	현동초등학교	이호석	운정초등학교	조민정	다산새봄초등학교

이 책의
구성과 특징 ✈

1 | 개념 사전

그림으로 개념을 한눈에 이해하고, 꼭 알아야 할 교과 개념을 익혀요.

2 | 개념 확인

짧은 글에서 개념을 찾아보는 연습을 해 보세요.

3 | 긴 글 읽기

1회독 막연하게 읽지 말고 지문에 따른 읽기 방법을 적용해서
읽어 보세요.

4 | 구조 읽기

읽은 내용을 구조화하여 정리해 보세요.
2회독 정리가 잘 안 되면 다시 한 번 지문을 꼼꼼하게 읽어요.

5 | 꼼꼼한 이해

어휘, 글의 정보 등 글의 사실적인 내용을 확인해 보세요.

6 | 개념의 적용

앞에서 배운 개념이 글에 어떻게 적용되어 있는지 확인해 보세요.

7 | 생각과 판단

글의 의도, 내용의 옳고 그름 등 추론과 비판 활동을 해 보세요.

8 | 생각 펼치기

글을 읽고 이해한 자신의 생각을 글로 표현해 보세요.

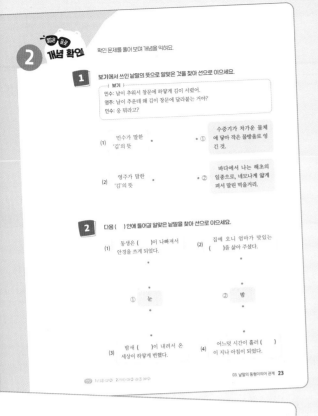

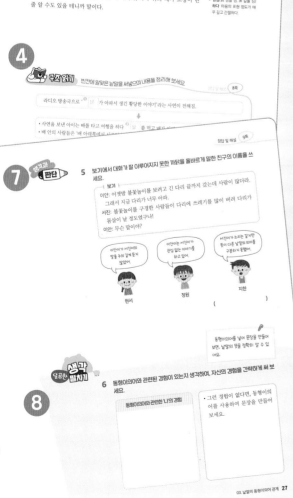

달콤한 문해력 기본서의 3회독 학습법

1회독
글의 내용을 파악하며 읽기

✦ 글의 특성에 따른 읽기 전략 제공

✦ 읽기 전략에 따라 교재의 본문에 메모하며 읽으세요.

2회독
다시 한 번 꼼꼼하게 읽기

✦ 빠르게 읽기는 읽기 방법이 완성된 뒤에 해도 늦지 않아요.

✦ 내용 정리가 어려울 때는 다시 한 번 본문 내용을 메모하며 읽어요.

3회독
자신만의 읽기 방법 만들기

✦ **정답 및 해설**의 읽기 예시와 내가 메모한 내용을 비교해 가며 자신만의 읽기 방법을 만들어요.

차례

1⁺ 주차에서 우리는

01 시의 감각적 표현과 효과

햇살 아래
보슬비가 톡톡
두드리며 놀자 하네.
부슬부슬 간지러워.
까르르까르르
옥수수 키가 더 커졌네.
보슬비가 내리는 모습을
감각적으로 표현하였어.
옥수수에 보슬비가 내리는 모습을
피부로 느끼고, 귀로 듣고, 눈으로
보듯이 표현하였어.

개념 사전

시에서 감각적 표현을 쓰면, 말하는 이의 감정과 시 속 상황을 생생하게 표현할 수 있어요. 시를 읽을 때 감각적 표현을 찾아보고, 시의 전체적인 분위기가 어떠한지 짐작하며 읽어요.

감각적 표현을 이해하는 방법

- 시에서 눈으로 보듯이, 귀로 듣듯이, 피부로 느끼듯이, 입으로 맛보듯이, 냄새로 맡듯이 감각적으로 표현한 부분을 찾음.
- 감각적 표현이 시의 전체적인 분위기에 어떤 영향을 주는지 생각함.
- 시에서 감각적 표현이 나타난 부분을 자기 경험과 연결하여 생각함.

확인 문제를 풀어 보며 개념을 익혀요.

1~3 다음 시에서 느껴지는 감각과 그려지는 상황으로 알맞은 것을 골라 번호를 쓰세요.

| 감각 | ① 👁 ② 👂 ③ ✋ ④ 👃 ⑤ 👄 |

상황	㉠ 봄이 되니 개나리가 활짝 피었다.
	㉡ 계곡에 놀러 가서 산책도 하고 낮잠도 잤다.
	㉢ 제주도에 가서 귤나무에 열린 귤을 따 먹어 보았다.

1

꽃망울 속
향긋함이 가득해요.
봄 냄새가 가득해요.

감각   상황

2

졸졸 시냇물 소리
바스락 나뭇잎 밟는 소리
우르릉
아빠의 코 고는 소리

감각   상황

3

귤 한 손에 쥐고
다른 손으로 입안에 쏙
입안 가득 퍼지는
제주의 상큼함

감각   상황

장독간

1회독

시의 중심 글감에 ○

감각적 표현이 나타난 부분에 ～～～

중심 글감을 사람처럼 표현한 부분에 〔 〕

작은 독°은
작은 모자
큰 독은
큰 모자.

장독은 하나씩
모자를 쓰고.
소래기°를 엎어서
모자로 쓰고.

오뉴월 뙤약볕에
몸을 데우며.
지나는 소나기를
함빡 맞으며.

한 끼에 한 번씩
모자를 벗고.
한 끼에 한 번씩
뱃속이 줄고.

• **독** 간장, 술, 김치 등을 담가 두는 데에 쓰는, 진흙만으로 구워 만든 그릇.

• **소래기** 높이가 조금 높고 굽이 없는 접시 모양으로 생긴 넓은 그릇. 독의 뚜껑이나 그릇으로 쓴다.

 구조 읽기 빈칸에 알맞은 낱말을 써넣으며 내용을 정리해 보세요.

정답 및 해설 4쪽

1연 ① ㄷ 들의 크기에 따라 모자의 크기가 다름.

↓

2연 장독들은 ② ㅁㅈ 를 하나씩 쓰고 있음.

↓

3연 햇볕에 몸을 데우고, ③ ㅅㄴㄱ 도 맞음.

↓

4연 밥때가 되어 모자를 벗을 때마다 독의 뱃속이 줄어듦.

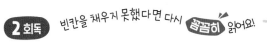

2회독 빈칸을 채우지 못했다면 다시 꼼꼼히 읽어요!

1 이 시에서 '모자'가 의미하는 것은 무엇인가요? (   )

① 장독   ② 큰 독   ③ 소래기
④ 뙤약볕   ⑤ 작은 독

2 이 시에 나타난 상황으로 알맞지 <u>않은</u> 것은 무엇인가요? (   )

① 장독간에 서로 다른 크기의 장독들이 있다.
② 하나의 장독은 여러 개의 뚜껑을 가지고 있다.
③ 밥때가 되면 사람들이 장독에서 장을 꺼내었다.
④ 장독은 소래기를 엎어서 뚜껑으로 사용하고 있다.
⑤ 장독들은 집밖에 있어 햇볕과 소나기를 피할 수 없다.

3 이 시의 3연은 어떤 감각적 표현을 사용하였는지 알맞은 것의 번호를 쓰세요.

(1) 시각적 표현
(2) 후각적 표현
(3) 미각적 표현
(4) 청각적 표현
(5) 촉각적 표현

(   )

4 **보기**는 이 시의 3연을 고쳐 쓴 것이에요. 이에 대한 설명으로 알맞은 것에 ○표 하세요.

┤ 보기 ├

오뉴월 뙤약볕은
매미 울음소리 친구 삼아.
지나는 소나기를
톡톡톡 자장가 삼아.

(1) 장을 입으로 맛보듯이 표현하여 장독의 특징이 머릿속에 잘 떠오르는 것 같아. (   )
(2) 장독 주변의 풍경을 냄새를 맡듯이 표현하여 현실에서는 없는 상황이 눈앞에 그려지는 것 같아. (   )
(3) 장독 위로 쏟아지는 햇볕과 소나기를 귀로 듣듯이 생생하게 표현하여 친근하게 느껴지는 것 같아. (   )

5 이 시의 4연을 가장 알맞게 이해한 친구의 이름을 쓰세요.

> 끼니마다 장독에서
> 장을 꺼내니 장이
> 줄었겠구나.

솔이

> 장독은 밥을 한 끼도
> 안 먹어서 배가
> 쑥 줄었겠구나.

이준

> 장독들이 모자를 벗은
> 덕분에 장독들의 배가
> 든든해졌겠구나.

도은

(   )

> 맛있는 된장찌개의 모습과 냄새,
> 소리 등을 생생하게 표현해 보세
> 요.

6 다음 그림을 보고 감각적 표현의 효과를 살려 시를 완성해 보세요.

된장찌개

찌개는 보글보글

_____

_____

_____

배에서는 꼬르륵
목에서는 침이 꼴깍

02 글의 **중심 생각**

글에는 글쓴이가 글을 통해 전하려고 하는 중심 생각이 담겨 있어요. 글의 중심 생각은 제목, 중심 낱말, 중심 문장 등에 나타나 있어요. 글의 중심 생각을 찾아보고, 글의 내용을 정확하게 이해해 보아요.

✚중심 생각

- 글의 제목에서 쓰이는 낱말에 중심 생각이 담겨 있음.
- 글에서 반복되는 중심 낱말은 글의 중심 생각을 드러내는 말임.
- 각 문단의 중심 문장에 글쓴이가 전하고자 하는 내용이 담겨 있음.

1~3 다음 글을 읽고 짐작한 내용으로 알맞은 것에 ○표, 알맞지 <u>않은</u> 것에 ✕표 하세요.

1

지역마다 다른 김치의 종류

김치는 지역에 따라 다르다. 추운 평안도 지방에서는 채소의 신선도를 위해 소금 간을 싱겁게 한 백김치가 유명하다. 타지역에 비해 겨울에도 따뜻한 전라도, 경상도 지방에서는 김치가 천천히 숙성되도록 소금, 젓국을 넣어 짜게 담근 고들빼기김치, 파김치 등이 알려져 있다.

(1) 이 글에서 반복되는 중심 낱말은 '김치'이다. (   )

(2) 이 글에서 중심 생각은 첫 문장에 드러나 있다. (   )

2

사계절의 특징

봄은 따뜻한 바람이 불고 새싹이 돋는 계절이고, 여름은 무덥고 장마가 드는 계절이다. 가을은 곡식이 익고 단풍이 드는 계절이고, 겨울은 추위가 시작되고 눈이 내리는 계절이다. 이처럼 각 계절은 서로 다른 색깔을 가지고 있다.

(1) 이 글에서 반복되는 중심 낱말은 '계절'이다. (   )

(2) 이 글에서 중심 생각은 첫 문장에 드러나 있다. (   )

3

무인점포, 이대로 괜찮을까?

가게의 주인 없이 키오스크를 통해 물건을 구매할 수 있는 무인점포가 늘고 있다. 무인점포는 24시간 물건을 사고팔 수 있어서 많은 사람이 이용한다. 그런데 무인점포가 늘면서 도난 사건이 무려 4배나 늘었다고 한다. 또 바코드를 잘못 찍어 실수로 계산하는 일도 많다고 한다. 무인점포가 유행인 만큼, 무인점포의 단점을 보완하는 해결책을 마련하여야 한다.

(1) 이 글의 제목에는 중심 생각이 잘 드러나 있다. (   )

(2) 이 글에서 반복되는 중심 낱말은 '키오스크'이다. (   )

습지의 모든 것

1회독

📖 반복되는 중심
낱말에 ◯

📖 각 문단의 중심
내용에 〜〜〜

📖 글쓴이의 중심
생각에 [　]

늪이나 갯벌을 본 적 있나요? 늘 물이 괴어 있는 곳 말이에요. 이런 습기가 많은 축축한 땅을 가리켜 ㉠'습지'라고 불러요. 습지는 물도 아니고 땅도 아닌 곳을 말해요.

이러한 습지는 크게 ㉡**내륙** 습지와 ㉢**연안** 습지로 구분해요. 내륙 습지는 땅 안에 있는 습지로, 강의 언저리나 냇가 등 민물이 흐르는 곳에 만들어진 습지를 말해요. 대표적인 내륙 습지로는 경상남도 창녕군의 우포늪이 있어요.

▲ 내륙 습지인 우포늪

연안 습지는 바닷가에 있는 습지로, 바닷물이 들어가고 나오는 경계 사이의 땅을 말한답니다. 세계에 있는 대부분의 커다란 습지들은 연안 습지에 속해요. 우리나라의 대표적인 연안 습지로는 전라남도 무안군의 무안 갯벌이 있어요.

우리 주위에 있는 이런 습지들은 많은 일을 하고 있는데, 크게 다섯 가지로 나누어 볼 수 있어요. 첫째, 습지는 다양한 생물의 보금자리가 되어 주어요. 습지에는 플랑크톤이 많아 어패류 등이 살기 좋아요. 이런 어패류를 먹는 조류, 양서류도 살기 좋고요. 그래서 수중 생물의 약 60퍼센트가 습지에 알을 낳고, 다양한 새들이 습지에서 살아가요.

둘째, 습지는 물속에 있는 오염 물질을 없애 주어요. 습지는 주변으로부터 흘러나오는 각종 오염된 물을 깨끗이 만드는 역할을 해요. 마치 지저분한 물을 거름종이에 걸러 깨끗하게 만드는 것처럼 말이에요. 습지에 있는 물풀이나 미생물이 오염된 물을 깨끗하게 만들어요.

셋째, 습지는 ㉣**자연재해**를 막아 주어요. 비가 갑자기 많이 와서 홍수가 나면 습지는 물을 저장하는 역할을 해요. 습지의 식물들이 물이 갑자기 불어나는 것을 막아 홍수 피해를 줄이지요. 또한 연안 습지인 바닷가의 갯벌은 큰 파도나 태풍의 피해를 줄여 주기도 해요.

- **내륙**(內 안 내, 陸 뭍 륙) 바다에서 멀리 떨어져 있는 육지.
- **연안**(沿 따를 연, 岸 언덕 안) 바다, 강, 호수 등과 닿아 있는 땅.
- **자연재해**(自 스스로 자, 然 그럴 연, 災 재앙 재, 害 해로울 해) 태풍, 가뭄, 홍수, 지진, 화산 폭발, 해일 등의 피할 수 없는 자연 현상으로 인하여 일어나는 피해.

넷째, 습지는 경제적인 이익이 되어 주어요. 갯벌에는 게와 새우 등이 많이 살아요. 물고기나 조개 등도 많이 살고요. 어민들은 이런 습지의 생물들을 잡아 경제 활동을 해요. 그래서 습지는 어민들에게 아주 중요한 삶의 터전이에요.

다섯째, 습지는 ⓜ지구 온난화를 늦춰 주어요. 습지에는 많은 식물이 자라는데, 이 식물들은 이산화 탄소를 없애고, 산소를 만드는 일을 해요. 습지는 지구 온난화의 원인인 이산화 탄소의 양을 줄이는 역할을 하고 있어요.

이처럼 습지는 자연을 보호하고 순환시키는 역할을 담당하고 있어요. 습지 덕분에 아주 작은 미생물부터 벌레와 물고기들까지 안전하게 살아갈 수 있는 거예요. 나아가 우리 인간도 그 혜택을 누리고 있답니다.

구조읽기 빈칸에 알맞은 낱말을 써넣으며 내용을 정리해 보세요.

정답 및 해설 6쪽

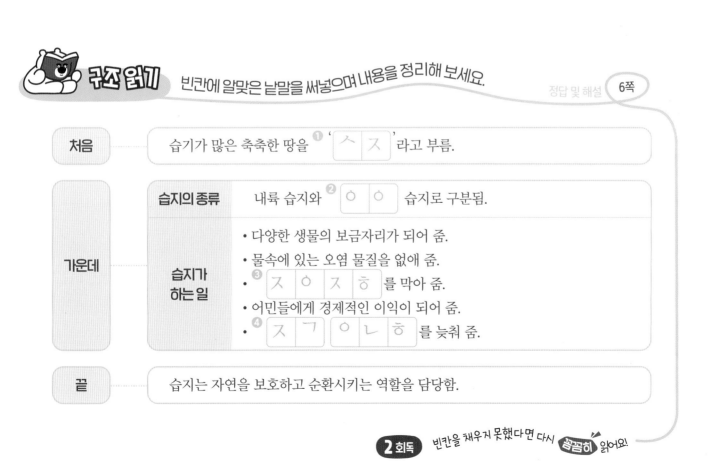

처음	습기가 많은 축축한 땅을 ❶ 'ㅅㅈ'라고 부름.		
가운데	습지의 종류	내륙 습지와 ❷ ㅇㅇ 습지로 구분됨.	
	습지가 하는 일	• 다양한 생물의 보금자리가 되어 줌. • 물속에 있는 오염 물질을 없애 줌. • ❸ ㅈㅇㅈㅎ 를 막아 줌. • 어민들에게 경제적인 이익이 되어 줌. • ❹ ㅈㄱ ㅇㄴㅎ 를 늦춰 줌.	
끝	습지는 자연을 보호하고 순환시키는 역할을 담당함.		

2회독 빈칸을 채우지 못했다면 다시 꼼꼼히 읽어요!

1 ㉠~㉤의 뜻으로 알맞지 <u>않은</u> 것은 무엇인가요? (　　　　)

① ㉠ 습지: 습기가 많아 늘 축축한 땅.

② ㉡ 내륙: 바다에서 멀리 떨어져 있는 육지.

③ ㉢ 연안: 바다, 강 등으로 가로막혀 육지에서 더 나아갈 수 없는 땅.

④ ㉣ 자연재해: 태풍, 가뭄, 홍수 등의 피할 수 없는 자연 현상으로 인하여
일어나는 피해.

⑤ ㉤ 지구 온난화: 지구의 기온이 높아지는 현상.

2 이 글을 읽고 알 수 있는 두 가지는 무엇인가요? (　　　,　　　)

① 습지의 종류　　　　② 습지의 크기　　　　③ 습지의 역사

④ 습지가 하는 일　　　⑤ 습지를 보존하는 방법

3 이 글의 중심 생각을 바르게 이야기한 친구의 이름을 쓰세요.

유찬　　　　　　　기혁　　　　　　　민수

(　　　　　　　　)

4 이 글의 중심 생각을 뒷받침하는 내용으로 알맞지 <u>않은</u> 것은 무엇인가요?

(　　　　)

① 습지는 자연재해를 막아 준다.

② 습지는 경제적인 이익이 되어 준다.

③ 습지는 물속 오염 물질을 없애 준다.

④ 습지는 지구 온난화를 빠르게 만들어 준다.

⑤ 습지는 다양한 생물의 보금자리가 되어 준다.

5 이 글을 쓴 까닭으로 알맞은 것에 ○표 하세요.

(1) 소중한 습지를 우리 함께 지키자고 설득하려 한다.   (   )

(2) 습지가 우리에게 주는 다양한 혜택을 알려 주려 한다.   (   )

6 이 글을 읽은 사람이 **보기**를 읽고 나타낼 반응으로 알맞지 <u>않은</u> 것은 무엇인가요?   (   )

┤ **보기** ├
　우포늪은 우리나라에서 가장 큰 자연 늪지예요. 국제적으로 중요한 습지를 보호하는 람사르 협약에 의해 보존 습지로 지정되어 있어요.

① 장마철에는 우포늪의 습지가 물을 저장하는 역할을 할 거야.

② 우포늪은 강의 언저리나 냇가 등 민물이 흐르는 곳에 있을 거야.

③ 우포늪에는 깊은 바다에 사는 큰 물고기가 많이 살고 있을 거야.

④ 우포늪은 작은 미생물과 벌레가 안전하게 살 수 있는 환경을 갖추고 있을 거야.

⑤ 우포늪에는 다양한 생물들이 살고 있어서 생태계를 관찰하는 데 도움이 될 거야.

중심 생각은 글쓴이가 글 전체에서 전하고자 하는 가장 중요한 생각이에요.

7 습지에 대해 새롭게 알게 된 내용을 요약하고, 습지에 대한 자신의 중심 생각을 한 문장으로 써 보세요.

새롭게 알게 된 내용 요약	'나'의 중심 생각

03 낱말의 **동형이의어** 관계

낱말 중에는 소리가 우연히 같을 뿐 뜻이 다른 것이 있어요. 이런 동형이의어를 정확하게 알면 글의 의미를 오해하지 않을 수 있어요. 동형이의어가 사용된 상황과 문장의 흐름을 살펴보며 글을 읽어요. 그러면 낱말의 쓰임새를 쉽게 알 수 있어요.

╋ 동형이의어 소리는 같되, 뜻이 다른 낱말.

㉠ 숨을 쉴 때 들이마시는 '공기', 아이들이 가지고 노는 작은 돌 다섯 개 '공기', 밥을 담아 먹는 그릇인 '공기'.

확인 문제를 풀어 보며 개념을 익혀요.

1 보기에서 쓰인 낱말의 뜻으로 알맞은 것을 찾아 선으로 이으세요.

┤ 보기 ├

민수: 날이 추워서 창문에 하얗게 김이 서렸어.
영주: 날이 추운데 왜 김이 창문에 달라붙는 거야?
민수: 응 뭐라고?

(1) 민수가 말한 '김'의 뜻

① 수증기가 차가운 물체에 닿아 작은 물방울로 엉긴 것.

(2) 영주가 말한 '김'의 뜻

② 바다에서 나는 해초의 일종으로, 네모나게 얇게 펴서 말린 먹을거리.

2 다음 (   ) 안에 들어갈 알맞은 낱말을 찾아 선으로 이으세요.

(1) 동생은 (   )이 나빠져서 안경을 쓰게 되었다.

(2) 집에 오니 엄마가 맛있는 (   )을 삶아 주셨다.

① 눈

② 밤

(3) 밤새 (   )이 내려서 온 세상이 하얗게 변했다.

(4) 어느덧 시간이 흘러 (   )이 지나 아침이 되었다.

배에서 배를 먹고, 배가 아팠다고?

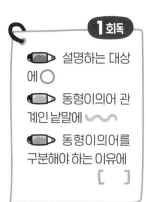

1회독

🔊 설명하는 대상
에 ○

🔊 동형이의어 관
계인 낱말에 〰〰

🔊 동형이의어를
구분해야 하는 이유에
[   ]

지난 5일, 라디오 방송국으로 '배가 아파서 생긴 황당한 이야기'라는 사연이 전해졌다. 방송국에 따르면, 사연을 보낸 **청취자**˚는 가족들과 함께 떠난 여행에서 있었던 일을 전했다고 한다. 다음은 청취자가 보낸 사연 중 일부이다.

안녕하세요. 저는 능률초등학교 3학년 강민준이에요. 지난 여름 방학 때 할아버지, 할머니, 아빠, 엄마와 함께 우리 가족은 **크루즈**˚ 여행을 갔어요.

사건은 여행 도중 생겼어요. 커다란 배로 여행을 즐기는 만큼 배 안에서 뷔페 식사를 하게 되었어요. 맛있게 저녁을 먹은 뒤, 배가 살살 아프지 뭐예요. 평소에도 배를 먹으면 배가 아픈 적이 있기는 했는데, 이날도 아무 생각 없이 먹은 배 한 조각 때문에 탈이 난 것 같아요. 배에서는 밤새 꾸르륵꾸르륵 소리가 나고, 계속 화장실을 들락거렸지요. 다행히 물도 많이 마시고, 약도 먹어서 다음 날 아침에는 괜찮았어요. 휴!

그래서 다음 날 아침 저는 크루즈 안에서 만나는 사람들에게 기쁜 마음에 이렇게 말하였어요.

"어젯밤에 배가 고장 났나 봐요. 배 아래쪽에서 우르르 쾅쾅 시끄러운 소리가 나서 한잠을 못 잤어요."

이 말을 들은 사람들은 '혹시 우리가 타고 있는 배에 무슨 문제가 있는 거냐?', '자기는 못 들었는데 배 어느 쪽에서 소리가 나는 거냐?'며 놀라 물었어요. '관계자에게 어서 알려야 하는 거 아니냐?'며 걱정 어린 고민도 했고요. 그 바람에 엄마 아빠는 바빴어요. 사람들이 제 말을 오해하지 않게 고치느라 말이에요.

"하하, 다행히 그 배가 아니라, 요 녀석 똥배랍니다."라며 아빠는 제 배를 가리키셨어요. 그 말을 들은 사람들은 모두 배를 잡고 웃었고, 덕분에 잊지 못할 재미있는 추억이 하나 생겼어요.

● **청취자**(聽 들을 청, 取 취할
취, 者 사람 자) 라디오 방송
을 듣는 사람.

● **크루즈**(cruise) 유람선을 타
고 하는 여행. 또는 그런 여행
을 하는 배.

사연을 들은 라디오 방송 진행자는 '㉠배' 안에서 '㉡배'를 먹고 '㉢배'가 아팠던 웃지 못할 이야기를 알려 줘서 고맙다며, '세 ㉣배나 재미있는 사연'이었다고 즐거워하였다. 또한 이 사연을 접한 청취자들은 '나 같아도 깜빡 속겠다.', '아이가 너무 귀엽다.', '큰 배가 아픈 게 아니라서 그나마 다행이다.'라는 반응을 보였다.

이와 같은 오해가 생길 수 있는 것은 동형이의어 때문이다. 동형이의어는 소리는 같으나 의미가 다른 말을 말한다. '맛없는 사과를 구입하게 된 고객들에게 **심심한**˚ ㉮사과의 말을 전한다.'고 할 때 '사과' 역시 동형이의어이다. 앞의 사과는 사과나무의 열매를, 뒤의 사과는 자기의 잘못을 인정하고 용서를 비는 것을 말한다.

이런 동형이의어를 잘 구분해야 말이나 글의 내용을 올바르게 이해할 수 있다. 그러지 않으면 배탈이 난 게 아니라, 바다 위의 배가 고장이 난 줄 알 수도 있을 테니까 말이다.

˚ **심심**(甚 심할 심, 深 깊을 심)**하다** 마음의 표현 정도가 매우 깊고 간절하다.

 **구조 읽기** 빈칸에 알맞은 낱말을 써넣으며 내용을 정리해 보세요. 정답 및 해설 8쪽

라디오 방송국으로 '❶ ㅂ 가 아파서 생긴 황당한 이야기'라는 사연이 전해짐.

⬇

• 사연을 보낸 아이는 배를 타고 여행을 하다 ❷ ㅂ 를 먹고 배가 아파 고생함.
• 배 안의 사람들은 '배 아래쪽에서 시끄러운 소리가 났다.'는 아이의 말에 배가 고장이 난 줄 알고 놀람.

⬇

• 재미있는 오해에 대한 사연을 들은 진행자와 청취자는 다양한 반응을 내놓음.
• 말이나 글의 내용을 올바르게 이해하려면, ❸ ㄷ ㅎ ㅇ ㅇ ㅇ 를 잘 구분해야 함.

2 회독 빈칸을 채우지 못했다면 다시 **꼼꼼히** 읽어요!

1 이 글에서 청취자가 보낸 '배가 아파서 생긴 황당한 이야기'는 무엇인가요?

(   )

① 배가 아픈 걸 숨겨서 생긴 일

② 배가 아파서 여행을 가지 못한 일

③ 배가 아파서 맛있는 걸 못 먹은 일

④ 배가 아파서 사람들 앞에서 실수한 일

⑤ 배가 아픈 걸 다른 걸로 오해해서 생긴 일

2 ㉠~㉣의 '배'가 무엇을 의미하는지 알맞은 것을 찾아 선으로 이으세요.

(1)   ㉠   •

(2)   ㉡   •

(3)   ㉢   •

(4)   ㉣   •

• ①   배나무의 열매.

• ②   사람이나 물건을 싣고 물 위를 떠다니는 교통수단.

• ③   일정한 수나 양이 그만큼 거듭됨을 이르는 말.

• ④   사람이나 동물의 몸에서 가슴과 다리 사이에 있는, 몸의 앞부분.

3 다음 밑줄 친 낱말 중에서 ㉠와 뜻이 비슷한 것은 무엇인가요? (   )

① 사과는 붉고 윤이 나야 맛이 있다.

② 나는 과일 중에 사과를 제일 좋아한다.

③ 어머니는 후식으로 사과를 깎아 주셨다.

④ 나에게 실수한 일에 대해 그는 한마디 사과도 없다.

⑤ 언니와 다퉜지만 우리는 함께 과수원에 가서 사과를 따야 한다.

4 이 글에서 알 수 있는 동형이의어를 잘 구분해야 하는 까닭은 무엇인가요?

(   )

① 글의 중심 내용을 요약하기가 쉽기 때문이다.

② 글의 내용을 올바르게 이해할 수 있기 때문이다.

③ 글의 중심 내용을 빠르게 찾을 수 있기 때문이다.

④ 글을 읽은 사람의 반응을 확인할 수 있기 때문이다.

⑤ 글을 쓴 사람의 생각이 맞는지 판단할 수 있기 때문이다.

5 보기에서 대화가 잘 이루어지지 <u>못한</u> 까닭을 올바르게 말한 친구의 이름을 쓰세요.

┤ **보기** ├

이안: 어젯밤 불꽃놀이를 보려고 긴 다리 끝까지 갔는데 사람이 많더라. 그래서 지금 다리가 너무 아파.

서진: 불꽃놀이를 구경한 사람들이 다리에 쓰레기를 많이 버려 다리가 몸살이 날 정도였구나!

이안: 무슨 말이야?

이안이 서진이의 말을 주의 깊게 듣지 않았어.

현서

이안이는 서진이가 관심 없는 이야기를 하고 있어.

정원

서진이가 소리는 같지만 뜻이 다른 낱말의 의미를 구분하지 못했어.

지한

(   )

동형이의어를 넣어 문장을 만들어 보면, 낱말의 뜻을 정확히 알 수 있어요.

6 동형이의어와 관련된 경험이 있는지 생각하여, 자신의 경험을 간략하게 써 보세요.

동형이의어와 관련한 '나'의 경험

• 그런 경험이 없다면, 동형이의어를 사용하여 문장을 만들어 보세요.

04 이야기의 감각적 표현과 효과

이야기에서 감각적 표현을 쓰면, 이야기 속 인물과 배경, 사건에 대해서 생생하게 표현할 수 있어요. 이야기를 읽을 때 감각적 표현을 찾아보고, 인물의 감정과 이야기 속 분위기가 어떠한지 짐작하며 읽어요.

✦ **이야기의 감각적 표현과 효과**

• 이야기 속 장면이나 분위기를 생생하게 표현하여, 이야기에 일어나는 일을 짐작할 수 있게 함.

• 인물의 표정과 몸짓, 감정을 생생하게 표현하여, 이야기를 읽는 사람이 인물에게 공감할 수 있도록 함.

1~3 다음 문장에서 느껴지는 분위기로 알맞은 것을 **보기**에서 골라 번호를 쓰세요.

┤ **보기** ├

① 나른한 분위기　　　② 긴장된 분위기　　　③ 활기찬 분위기

1 명수는 새빨개진 얼굴로 진수를 노려보았다. 눈에서 불꽃이 튀었다.

(　　　　　　)

2 따뜻한 햇볕이 눈꺼풀을 가만히 쓰다듬었다. 나는 몰려오는 졸음을 막을 수가 없었다.

(　　　　　　)

3 "자, 골라요! 골라!" 상인들의 목소리가 여기저기서 들려왔다. 시장 안이 마치 콩 볶는 것처럼 떠들썩했다.

(　　　　　　)

4~5 다음 문장에서 감각적 표현으로 얻을 수 있는 효과를 찾아 선으로 이으세요.

4 백설 공주는 온몸이 얼음처럼 굳어 버리고 말았어. 고장이 난 시계처럼 심장도 멈추었어. ・

・① 이야기 속 장면을 생생하게 표현함.

5 백설 공주의 새엄마는 방문을 쾅 닫고 거울 앞에 섰어. 거울을 바라보며 꽥꽥 소리를 질렀어. ・

・② 인물의 표정과 몸짓, 기분을 생생하게 표현함.

고양이 해결사 깜냥

1회독

🔖 이야기에서 일어난 일에 ◯

🔖 감각적 표현이 나타난 문장에 〰️

🔖 인물의 기분을 알 수 있는 부분에
[   ]

수업을 마친 아이들이 교문 밖으로 와글와글 쏟아져 나왔어. ㉠아이들은 참새 떼처럼 재잘거리며 언덕길을 내려왔어. 학교 담장 밑에서 낮잠 자던 고양이가 **슬며시** 눈을 떴어. 모른 척하고 그냥 자기에는 좀 시끄럽지만, 일어나기는 싫었어. 이렇게 볕 잘 드는 곳에 자리를 잡은 게 꽤 오랜만이거든. 고양이는 더 자야겠다고 생각하고 몸을 잔뜩 웅크렸어. 그때 어디선가 광고지 한 장이 날아와 고양이 앞에 살포시 떨어졌어.

몸 튼튼 마음 튼튼, 튼튼태권도

* 광고지를 가지고 오시면 선물을 드려요.

'선물을 준다고?'

고양이는 부르르 몸을 떨며 기지개를 켜고, 구석구석 몸단장도 했어. 그런 다음 여행 가방을 들들 끌면서 태권도장으로 향했지. 가는 동안 길바닥에 버려진 광고지를 한 장 한 장 주워 들었어.

"선물 하나, 선물 둘, 선물 셋⋯⋯."

광고지 한 장에 선물이 한 개씩이라고 생각한 거야.

부지런히 걸어가던 고양이가 만두 가게 앞에서 걸음을 멈추었어. 커다란 찜통에서 뽀얀 김이 올라오는 게 신기했거든. 정확히 말하면 만두 냄새가 너무 좋아서 저절로 발이 멈춘 거야. 가게 앞에서 침을 꼴깍꼴깍 삼키는 고양이를 발견한 주인 할아버지가 못마땅해하며 한마디 했어.

"요즘은 어디를 가나 고양이 **천지**라니까. 털 날리지 말고 저리 가라!"

고양이는 아랑곳하지 않고 광고지를 내밀었어.

"여기가 어딘지 아세요?"

할아버지는 새로 빚은 만두를 찜통에 올리면서 **퉁명스럽게** 대답했어.

"이 건물 3층이다."

● **슬며시** 남이 잘 알아채지 못하게 몰래.

● **천지**(天 하늘 천, 地 땅 지) 대단히 많음.

● **퉁명스럽다** 말씨나 행동 등이 친절하거나 공손하지 않고 못마땅하고 불쾌한 듯하다.

ⓛ고양이는 코를 쿵쿵대며 만두 냄새를 한 번 더 맡고 3층으로 올라 갔어.

태권도장에 들어서자 **수련장**˚ 옆에 딸린 작은 사무실에서 말소리가 들렸어. 태권도복을 입은 사범이 전화 통화를 하고 있었어.

"네, 아버님. 다음 달부터는 영어 학원에 보내신다고요? 잘 알겠습니다."

사범은 전화를 끊고 고개를 숙인 채 손으로 머리를 감쌌어. 그때 고양이가 똑똑 문을 두드렸어.

"어서 오……."

"구경 좀 해도 될까요?"

태권도장에 찾아온 손님이 고양이라니. 당황한 사범이 눈을 크게 뜨고 고양이를 쳐다봤어. 고양이는 제 몸집만 한 여행 가방을 문 옆에 세워 놓고 소파에 올라앉았어. **상담**˚을 받으러 온 것처럼 느긋하고 당당했지.

"여기는 아이들이 태권도를 배우는 곳이야. 고양이가 함부로 들어오면 안 돼. 알겠니?"

- **수련장**(修 닦을 수, 練 익힐 련, 場 마당 장) 몸과 마음을 힘써 닦아 기르기 위해 마련한 곳.
- **상담**(相 서로 상, 談 말씀 담) 문제를 해결하거나 궁금증을 풀기 위하여 서로 의논하거나 묻고 답함.

 **구조읽기** 빈칸에 알맞은 낱말을 써넣으며 내용을 정리해 보세요.

정답 및 해설 10쪽

낮잠 자던 ❶ [ㄱ][ㅇ][ㅇ] 가 선물을 받기 위해, 광고지를 들고 태권도장으로 향함.

↓

고양이가 ❷ [ㅁ][ㄷ] 가게 앞에서 발을 멈추고, 주인 할아버지에게 태권도장 위치를 물어봄.

↓

고양이가 3층에 있는 태권도장에 들어가자 ❸ [ㅅ][ㅂ] 이 태권도장은 고양이가 함부로 들어오면 되는 곳이라고 말함.

2 회독 빈칸을 채우지 못했다면 다시 **꼼꼼히** 읽어요!

1 이 이야기에서 일어난 중요한 일이 무엇인지 빈칸에 알맞은 말을 쓰세요.

> 학교 담장 밑에서 낮잠을 자던 고양이가 광고지를 가지고 오면
> ☐☐ 을 준다는 광고를 보고, 튼튼태권도로 향했다.

2 이 이야기에서 알 수 있는 내용이 <u>아닌</u> 것은 무엇인가요? (　　　　)

① 태권도 사범은 고양이가 올 것을 알고 있었다.

② 고양이는 선물을 받기 위해 태권도장으로 갔다.

③ 고양이는 태권도장의 정확한 위치를 알지 못하였다.

④ 고양이는 한동안 볕이 잘 드는 곳에 자리를 잡지 못하였다.

⑤ 만두 가게 할아버지는 고양이가 많은 것을 못마땅하게 생각하였다.

3 ㉠에 나타난 감각적 표현에 대한 설명으로 알맞은 것은 무엇인가요?

(　　　　)

① 언덕길의 어두운 분위기를 눈으로 보는 것처럼 표현하였다.

② 아이들이 떠나가는 슬픈 분위기를 눈으로 보는 것처럼 표현하였다.

③ 수업을 마친 아이들의 평화로운 분위기를 몸으로 느끼는 것처럼 표현하였다.

④ 수업을 마친 아이들의 시끄러운 분위기를 귀로 듣는 것처럼 표현하였다.

⑤ 아이들과 참새 떼가 있는 신비로운 분위기를 귀로 듣는 것처럼 표현하였다.

4 ㉡을 읽고 떠오르는 장면으로 알맞은 것의 번호를 쓰세요.

> ① 만두 냄새를 쫓으며 길을 찾아가는 고양이
> ② 만두 냄새를 맡고 부르르 몸을 떠는 고양이
> ③ 만두 냄새를 맡으며 코를 벌름거리는 고양이

(　　　　)

5 이 이야기를 읽고 짐작한 내용을 알맞게 말한 친구의 이름을 쓰세요.

아이들은 담장 밑에서 고양이가 자는 걸 알았지만 일부러 모른 척했어.

보라

고양이는 만두를 먹기 위해서 태권도장 광고지를 나누어 주는 아르바이트를 하게 되었어.

연두

태권도장 사범은 태권도를 그만 두고 영어 학원으로 가는 학생이 많아져서 많이 속상할 거야.

노랑

(   )

6 보기를 읽고 이 이야기 다음에 이어질 내용으로 알맞은 것의 번호를 쓰세요.

┤ **보기** ├

『고양이 해결사 깜냥』은 떠돌이 고양이 '깜냥'이 우리 주변에서 벌어지는 여러 문제를 해결하는 과정을 유쾌하고 흥미롭게 그려 낸 이야기이다.

① 고양이는 태권도장에서 쫓겨나 거리를 헤맨다.
② 고양이는 조수가 되어 태권도장에서 사범님을 돕게 된다.
③ 고양이는 선물을 받지 못하자 태권도장을 엉망으로 만들어 버린다.

(   )

감각적 표현을 사용하여 자신의 생각을 생생하게 전달해 봐요.

달콤한 생각 펼치기

7 다음 분위기가 느껴지도록 감각적 표현을 사용하여 문장을 써 보세요.

시끄러운 분위기	유쾌한 분위기
예 동생은 귀가 따갑게 소리를 질렀어.	

05 생활문의 특징

생활문은 언뜻 일기와 비슷해 보이지만, 읽는 이에게 자기 경험을 전달하고 공감을 얻는 글이라는 점에서 일기와 달라요. 생활문을 읽을 때는 글쓴이가 경험을 통해 깨달은 점이 무엇인지 살펴보도록 해요.

┿생활문 일상생활에서 겪은 다양한 경험을 바탕으로 자기 생각과 느낌을 솔직하게 쓴 글.

┿생활문의 특징

• 정해진 형식 없이 자유롭게 씀.

• 실제로 겪은 일 중에서 인상적인 경험을 글감으로 사용함.

• 자신이 경험한 일과 그때의 감정을 꾸밈없이 솔직하게 표현함.

확인 문제를 풀어 보며 개념을 익혀요.

1 **생활문의 글감으로 알맞은 것에 ○표 하세요.**

(1) 오늘 아침에 늦게 일어나 학교에 지각한 일   (   )
(2) 갑자기 비가 와서 우산 없이 집에 오게 된 경험   (   )
(3) 새로 전학을 온 친구와 신나는 모험을 떠나는 상상   (   )
(4) 함께 산 지 5년이 넘은 반려동물 '까망이'와의 특별한 추억   (   )

2~5 **다음 문장을 읽고 경험과 생각 중에서 알맞은 것에 ○표 하세요.**

2 지난주 금요일에 친구들과 떡볶이를 먹으러 갔다.

경험   생각

3 가게 앞에는 김이 모락모락 나는 떡볶이가 놓여 있었다.

경험   생각

4 빨간 떡볶이가 우리를 반겨 주는 것 같았고, 한 입 베어 먹으니 입안 가득 행복이 퍼졌다.

경험   생각

5 언제 먹어도 맛있는 떡볶이처럼 우리의 우정도 오래오래 변하지 않기를 바란다.

경험   생각

도전, 두발자전거!

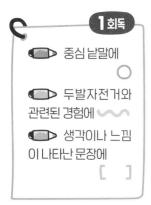

1회독

중심 낱말에

두발자전거와 관련된 경험에

생각이나 느낌이 나타난 문장에

[   ]

열 번째 내 생일날, 할머니께서 두발자전거를 선물해 주셨다. 나는 두발자전거를 얼른 타고 싶었지만, 며칠 동안 이어지는 장맛비 때문에 자전거를 탈 수 없었다. 그런데 토요일 아침 눈을 떠 보니 하늘이 맑게 개어 있었다. 날씨가 화창해서 자전거를 타기에 딱 좋은 날이었다. 나는 서둘러 아침을 먹고, 두발자전거를 끌고 집 근처 공원으로 향했다. 머리에 안전모를 쓰고, 손에 장갑을 끼고, 팔꿈치와 무릎에 보호대를 차는 것도 빼먹지 않았다.

공원은 이른 시각이라 한산하였다. 사실 나는 네발자전거만 타 보았다. 그래서 두발자전거를 타는 게 조금 겁이 났다. 그렇지만 용기를 내어 자전거 **안장**˚에 앉았다. 가슴이 콩닥콩닥 뛰었다. 내가 땅에서 발을 떼고 페달을 밟은 순간, 자전거가 균형을 잃고 한쪽으로 쓰러졌다. 나도 자전거와 함께 넘어졌다. 마침 지나가던 아주머니, 아저씨와 눈이 딱 마주쳤다.

"애, 너 괜찮니?"

나는 얼굴이 불타올랐다. 너무 창피해서 쥐구멍에라도 숨고 싶었다. 나는 애써 아무렇지 않은 척하며 다시 자전거에 올라탔다. 그러나 균형을 잡지 못하고 또 넘어지고 말았다. 나는 자전거와 함께 넘어지고 일어서기를 반복하였다. 어느새 이마에는 송골송골 땀방울이 맺혔고 팔과 다리도 아팠다. 하지만 포기하고 싶지 않았다. 넘어질수록 **오기**˚가 생겼다.

그때 저 멀리서 나를 부르는 소리가 들렸다. 바로 아빠였다. 아침 일찍 외출하였던 아빠가 내가 두발자전거를 연습하러 혼자 나간 걸 알고 공원으로 나를 만나러 오신 것이었다. 나는 아빠에게 뛰어가서 품에 안겼다. 그리고 아빠에게 속상한 마음을 털어놓았다. 아빠는 그런 나를 위로해 주셨다.

"여울아, 처음부터 두발자전거를 잘 타는 사람은 없어. 우리 차근차근 연습해 볼까?"

아빠는 먼저 자전거 안장의 높이를 나에게 맞게 낮춰 주셨다. 그제야 양쪽 발이 바닥에 닿았다. 그리고 자전거 뒷좌석을 손으로 꼭 잡아 주셨다. 아빠 덕분에 나는 균형을 잡고, 앞으로 나아갈 수 있었다. 내 발의 움직임

● **안장**(鞍 안장 안, 裝 꾸밀 장)
자전거에서 사람이 앉는 자리.

● **오기**(傲 거만할 오, 氣 기운 기) 능력은 부족하면서도 남에게 지기 싫어하는 마음.

에 맞춰 자전거 바퀴가 빠르게 굴러갔다.

두 시간 후, 나는 아빠의 도움 없이도 혼자서 자전거를 탈 수 있게 되었다. 마치 내가 외줄 타기를 하는 **곡예사**°가 된 기분이었다. 정말 짜릿하였다.

그날 오후, 나는 아빠와 강변을 따라 **조성된**° 자전거 도로를 달렸다. 솔솔 부는 강바람이 정말 시원하였다. 나는 두발자전거를 배우면서 새로운 사실을 알게 되었다. 무언가에 도전할 때는 두려움을 극복해야 한다는 것 말이다. 그리고 실패했을 때 포기하지 않는 용기도 중요하다는 것을 깨달았다. 두발자전거를 탈 수 있게 된 것처럼, 앞으로 힘든 일도 척척 해낼 수 있을 것 같다.

● **곡예사**(曲 굽을 곡, 藝 재주 예, 師 스승 사) 줄타기, 마술, 재주넘기, 공 타기 등의 묘기를 부리는 일을 전문으로 하는 사람.

● **조성**(造 지을 조, 成 이룰 성)**되다** 무엇이 만들어져서 이루어지다.

구조 읽기 빈칸에 알맞은 낱말을 써넣으며 내용을 정리해 보세요.

정답 및 해설 12쪽

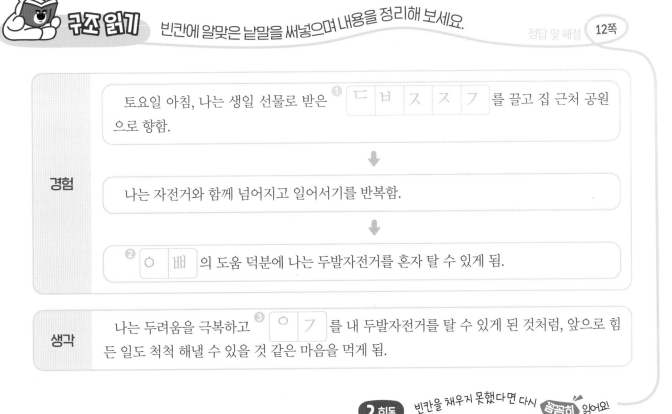

경험

토요일 아침, 나는 생일 선물로 받은 ① ㄷ ㅂ ㅈ ㅈ ㄱ 를 끌고 집 근처 공원으로 향함.

↓

나는 자전거와 함께 넘어지고 일어서기를 반복함.

↓

② ㅇ ㅃ 의 도움 덕분에 나는 두발자전거를 혼자 탈 수 있게 됨.

생각

나는 두려움을 극복하고 ③ ㅇ ㄱ 를 내 두발자전거를 탈 수 있게 된 것처럼, 앞으로 힘든 일도 척척 해낼 수 있을 것 같은 마음을 먹게 됨.

2 회독 빈칸을 채우지 못했다면 다시 **꼼꼼히** 읽어요!

1 이 글의 중심 내용으로 알맞은 것에 ○표 하세요.

(1) 장맛비가 그치고 날씨가 맑게 갠 일 ( )

(2) 혼자서 두발자전거를 탈 수 있게 된 일 ( )

(3) 할머니께서 두발자전거를 생일 선물로 주신 일 ( )

2 '나'에 대한 설명으로 알맞은 것은 무엇인가요? ( )

① 자전거 타는 것을 싫어하였다.

② 주말에 아빠와 단둘이 여행을 갔다.

③ 네발자전거 타는 방법은 엄마에게 배웠다.

④ 친구에게 두발자전거를 빌려 탄 적이 있다.

⑤ 두발자전거를 처음 탈 때는 겁이 조금 났다.

3 '나'가 겪은 일을 시간 순서대로 정리하여 번호를 쓰세요.

> ① 아침에 일어나서 날씨를 확인함.
> ② 두발자전거를 끌고 집 근처 공원에 감.
> ③ 아빠와 함께 자전거 도로에서 자전거를 탐.
> ④ 두발자전거의 균형을 잡지 못해 계속 넘어짐.
> ⑤ 아빠가 두발자전거의 뒷좌석을 손으로 꼭 잡아 줌.

( ) ➡ ( ) ➡ ( ) ➡ ( ) ➡ ( )

4 공원에서 '나'가 생각하거나 느낀 점으로 알맞은 것은 무엇인가요?

( )

① 특별한 일이 생길 것 같아 설레었다.

② 공원에 있던 아저씨가 새 자전거를 부러워해 기분이 좋았다.

③ 두발자전거 잘 타는 모습을 지나가는 아주머니께 뽐내고 싶었다.

④ 두발자전거와 함께 넘어질수록 오기가 생겨 포기하고 싶지 않았다.

⑤ 두발자전거를 타다 넘어졌지만, 팔과 다리를 다치지 않아서 뿌듯했다.

5 이 글을 읽고 알게 된 점을 알맞게 말한 친구에 ○표 하세요.

(1) 두발자전거 타는 방법을 순서대로 알려 주어 이해하기 쉬웠어.

(2) 두발자전거를 탈 때 주의해야 할 점이 있다는 것을 깨닫게 되었어.

(3) 두발자전거를 타고 두려움을 극복했을 때 얼마나 기뻤을지 상상할 수 있었어.

(   )   (   )   (   )

6 보기의 친구에게 이 글의 '나'가 해 줄 말로 알맞은 것의 번호를 쓰세요.

┤ 보기 ├

　지난 주말, 우리 가족은 등산을 갔다. 나는 꼭 정상에 올라가겠다고 다짐하였지만, 반도 못 올라가 숨이 턱까지 차올랐다. 다리도 너무 아파 한 발자국도 뗄 수가 없었다. 나는 결국 정상에 오르는 것을 포기하였다.

① 다리가 아프다는 건 핑계일 뿐이야. 약한 네 마음이 문제야.
② 어떤 일을 처음부터 잘하는 사람은 많지 않아. 용기를 내어 다시 도전해 봐.

(   )

재미있던 일, 슬펐던 일 모두 소중한 경험이 될 수 있어요. 그 경험에서 깨달은 점을 써 보세요.

7 기억에 남는 경험을 떠올려 보고, 그 경험에서 얻은 생각이나 느낌을 써 보세요.

- 기억에 남는 경험: _____

- 그 경험에서 얻은 생각이나 느낌: _____

_____

2 주차 에서 우리는

06 시적 허용

시적 허용은 문법에 맞지 않는 표현이지만, 시에서만 특별히 쓰이는 것이에요. 시에서 시적 허용이 쓰인 부분을 찾아보고, 어떠한 효과를 불러일으키는지 살펴보며 읽어요.

✛ 시적 허용

- 시에서 맞춤법이나 띄어쓰기를 어긋나게 표현하여 리듬감이 느껴지게 하는 것.
- 말하는 이의 감정을 전달하고, 읽는 이에게 감동과 재미를 줌.

  예 다알다알 → 달달한, 새코옴한 → 새콤한, 쌉싸아름한 → 쌉싸름한

확인 문제를 풀어 보며 개념을 익혀요.

1~3 다음 시의 시어(□□□) 중 시적 허용이 사용된 것에 ○표 하세요.

1

뽀오족한 코를 갖고 꿈을 그려요.
종이 위를 춤추듯 달려가는 색연필
알록달록 색깔로 세상을 물들여요.

2

하늘 목걸이 구름이 몽글몽글
바람이 불어 사알사알 흔들려요.
솜사탕 맛 달콤한 구름 목걸이
나도 한번 매 보고 싶어라.

3

창밖에 톡톡 빗방울 피아노
나뭇잎 건반 두우드리며 멜로디
빗소리 들으며 잠이 소올솔 오네.
꿈나라로 데려다 줄 것 같아.

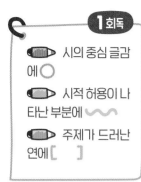
1회독

⬤ 시의 중심 글감에 ◯

⬤ 시적 허용이나 타난 부분에 〰️

⬤ 주제가 드러난 연에 [   ]

가 컴퍼스

동그라미
㉠동그으라미
크기가 달라도

동그라미
동글동글 동그라미
여러 바퀴를 돌아도

시작은 언제나
한 발로
땅을 찔러 딛는 일

다른 발을 뻗을 때
쓰러지지 않도록

기우뚱 서 있는
한 발을
믿어 주는 일

● **컴퍼스**(compasses) 자유롭게 폈다 오므렸다 할 수 있는 두 다리를 이용해 원을 그리는 데 쓰이는 제도용 기구.

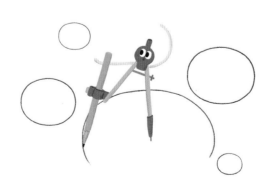

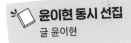
나 가을 하늘 2

"톡―"

튕겨 보고 싶은

"죽―"

그어 보고 싶은

"와―"

외쳐 보고 싶은

"풍―덩"

뛰어들고 싶은

그러나

ⓒ머언 먼

가을 하늘.

 **구조 읽기** 빈칸에 알맞은 낱말을 써넣으며 내용을 정리해 보세요.

정답 및 해설 14쪽

컴퍼스

| 1, 2연 | ❶ ㅋ ㅍ ㅅ 로 그리는 동그라미는 크기가 다름. |

↓

| 3, 4연 | 동그라미의 시작은 한 ❷ ㅂ 로 땅을 찔러 딛는 것임. |

↓

| 5연 | ❸ ㄷ ㄱ ㄹ ㅁ 를 완성하려면 기우뚱 서 있는 한 발을 믿어 주어야 함. |

가을 하늘 2

| 1, 2연 | 튕겨 보고, ❹ ㄱ ㅇ 보고 싶음. |

↓

| 3, 4연 | 외쳐 보고, 뛰어들고 싶음. |

↓

| 5연 | 그러나 가을 하늘은 ❺ ㅁ ㄹ 있음. |

2 회독 빈칸을 채우지 못했다면 다시 꼼꼼히 읽어요!

1 시 가에서 컴퍼스로 그릴 수 있는 도형에 ○표 하세요.

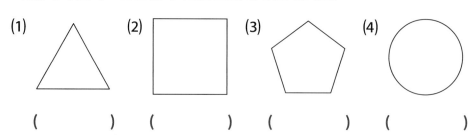

(1)   (2)   (3)   (4)

(   )   (   )   (   )   (   )

2 시 나는 어떤 경험을 바탕으로 쓴 시인가요? (   )

① 가을 하늘을 바라본 일
② 가을 하늘을 보며 수영한 일
③ 가을 하늘을 보며 농구한 일
④ 가을 하늘을 보며 그림을 그린 일
⑤ 가을 하늘을 보며 소리를 외친 일

3 ㉠의 뜻을 사전에서 찾을 때, 어떤 낱말을 찾아야 할지 시 가에서 찾아 쓰세요.

(   )

4 ㉡에 대한 설명으로 알맞지 <u>않은</u> 것은 무엇인가요? (   )

① '먼'을 늘려서 쓴 낱말이다.
② 맞춤법에 맞지 않는 낱말이다.
③ 시적 허용으로 사용된 낱말이다.
④ 띄어쓰기를 어긋나게 표현하였다.
⑤ 국어사전에서 뜻을 찾을 때는 '멀다'를 찾아야 한다.

5 시 🕒의 말하는 이와 비슷한 마음을 느꼈던 경험으로 알맞은 것의 번호를 쓰세요.

> ① 시원한 계곡물에 발을 담그고, 수박을 맛있게 먹은 일
> ② 저 멀리 하늘에 뜬 무지개를 바라보며 아름다움을 느낀 일

(   )

6 시 🕒와 🕒를 읽고 생각이나 느낌을 알맞게 말하지 <u>못한</u> 친구의 이름을 쓰세요.

> 유주: 시 🕒는 사람이 아닌 컴퍼스를 사람처럼 친근하게 표현하고 있어.
> 수정: 특히 '기우뚱 서 있는 / 한 발을 / 믿어 주는 일'은 연필이 가져야
>   할 마음을 말하고 있는 거야.
> 하준: 시 🕒에서 말하는 이는 1연에서 4연까지 비슷한 표현을 반복해서
>   말하고 있어.
> 민재: 맞아. '싫은'이라는 비슷한 표현이 반복되니 리듬감이 잘 느껴져.

(   )

> 시에서는 재미나 감동을 위해 맞
> 춤법이나 띄어쓰기를 일부러 틀리
> 게 쓰기도 해요.

7 다음 시의 밑줄 친 부분을 시적 허용을 사용해 바꾸어 써 보세요.

우리 집 고양이

<u>꼬질꼬질 손때 묻은</u>
우리 흰둥이

흰둥이가 아니라 검둥이 되었네.

<u>살랑살랑 꼬리치며 반기는</u>
우리 흰둥이

고양이가 아니라 강아지 되었네.

➡

➡

글을 읽을 때는 배경지식이 중요해요. 아는 내용이나 겪은 일과 관련지어 글을 읽으면, 글의 내용을 쉽게 이해할 수 있기 때문이에요. 만약 모르는 내용이라면, 글을 읽으며 배경지식을 쌓는 것이 좋아요.

┿배경지식

- 경험을 통해 이미 머릿속에 들어 있거나 기본적으로 필요한 지식을 말함.
- 직접 경험해 쌓거나 책을 읽고 배경지식을 얻을 수 있음.

확인문제를 풀어 보며 개념을 익혀요.

1~2 **다음 글을 읽고 설명으로 알맞은 것에 ◯표 하세요.**

1

TV 뉴스를 보고 한숨을 쉬는 사람들이 늘었다. 환율이 올랐기 때문이다. 오르기도 하고 내리기도 하는 환율 때문에 수입과 수출에 큰 영향이 생겼다.

(1) 이 글을 이해하려면 환율의 뜻을 알아야 한다. (   )

(2) 이 글을 읽으면 TV 뉴스의 특징에 대한 배경지식을 쌓을 수 있다.

(   )

2

윷놀이는 우리나라의 전통 놀이이다. 윷가락 하나가 젖혀진 '도'는 돼지, 두 개가 젖혀진 '개'는 개, 세 개가 젖혀진 '걸'은 양, 네 개가 젖혀진 '윷'은 소를 뜻하고, 네 개가 모두 엎어진 '모'는 말을 뜻한다.

(1) 이 글을 이해하려면 윷놀이하는 방법을 알아야 한다. (   )

(2) 이 글을 읽으면 전통 놀이의 종류에 대한 배경지식을 쌓을 수 있다.

(   )

3~4 **다음 글을 읽을 때 가장 필요한 배경지식에 ◯표 하세요.**

3

사람들은 '피아노의 시인' 쇼팽을 기억하고 싶었다. 그래서 오 년마다 폴란드에서는 그를 기리며 '쇼팽 국제 피아노 콩쿠르'가 열리고 있다.

(1) 쇼팽의 삶 (   )   (2) 피아노의 종류 (   )

4

환절기에는 특히 건강을 조심해야 한다. 갑작스러운 날씨의 변화로 면역력이 떨어지면, 감기에 걸리기 쉽다. 그래서 얇은 옷을 여러 겹 입는 것이 좋다.

(1) 옷의 종류 (   )   (2) 환절기의 뜻 (   )

돈을 어떻게 모을까?

1회독

▬▶ 설명하는 대상
에 ○

▬▶ 알게 된 배경지
식에 ∿

▬▶ 이 글의 중심
내용에 [ ]

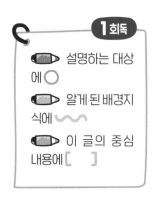

은행에 저축해야지.

이자를 드릴게요.

대출이 필요해요.

빌려주는 대신 대출 이자를 받을게요.

　　사람들은 좋은 옷을 입고, 비싼 음식도 먹고, 좋은 집에 살고 싶어 해요. 근사한 곳에 여행을 가고, 좋은 차도 사고 싶어 하고요. 그런데 이런 일을 하기 위해서는 '돈'이 필요해요. 돈, 어떻게 하면 모을 수 있을까요?

　　돈을 모으는 대표적인 방법으로는 저축과 투자가 있어요. 우선 저축은 돈을 모으기 위해 쓸데없는 지출을 줄이고 그 돈을 모아서 저금하는 거예요. 예를 들어 오늘 1,000원짜리 아이스크림을 사 먹고 싶지만 참고 모아 두어요. 오늘 1,000원, 내일 1,000원이 모이면 비교적 많은 돈인 목돈이 돼요. 이런 저축은 주로 은행에서 하는데, 은행에 저축할 경우에는 내가 맡긴 돈보다 돈을 더 받을 수 있어요. 이렇게 더 받을 수 있는 돈을 '이자'라고 해요. 이자는 은행에 따라, 저축 상품에 따라 달라지기도 해요.

　　그렇다면 은행은 어떻게 이자를 줄 수 있는 걸까요? 그건 은행이 돈을 맡기는 저축을 받기도 하지만, 돈을 빌려주는 대출도 하기 때문이에요. 은행이 저축한 사람의 돈을 대신 다른 사람에게 빌려주고, 그 돈을 빌려주는 이자를 받는 거예요. 그럼 그 이자를 저축한 사람에게도 일부 줄 수 있어요. 따라서 은행에 저축하면 내가 맡긴 돈뿐만 아니라 이자도 받을 수 있기 때문에 목돈을 안전하게 모으게 돼요.

　　돈을 모으는 방법 중 다른 하나인 투자는 나중에 자신에게 돌아올 이익을 기대하며 공장, 기계, 건물이나 원료, 제품 등에 돈을 들이는 것을 말해요. 저축으로 받는 이자보다 더 많은 이익을 얻기 위해서 말이에요. 예를 들어 금이나 은 같은 귀금속은 가격이 늘 같지 않아요. 따라서 쌀 때 사서 비쌀 때 팔면 돈을 벌 수 있어요. 이렇게 귀금속과 같은 실제 물건에 투자할 수도 있고, **금융** 상품에 투자할 수도 있어요.

　　대표적인 투자의 금융 상품으로는 주식과 펀드가 있어요. 주식은 회사에 투자한 사람에게 주는 **증서**로 내가 직접 투자하는 방법이에요. 반면 펀드는 나와 다른 사람들이 돈을 전문가에게 맡겨서 전문가가 대신 주식에 투자해 돈을 벌어요. 회사가 잘 되어서 이익이 생기면 당연히 주식이

● **이자**(利 이로울 리, 子 아들 자) 남에게 돈을 빌려 쓰고 그 대가로 일정하게 내는 돈.

● **금융**(金 쇠 금, 融 녹을 융) 경제에서 필요한 돈을 공급하는 활동.

● **증서**(證 증거 증, 書 글 서) 어떤 권리나 의무, 사실을 증명해 주는 공식적인 문서.

나 펀드를 가지고 있는 사람도 돈을 벌게 돼요. 이런 투자는 저축보다 더 많은 이익을 기대할 수 있어요. 하지만 저축에 비해 돈을 잃을 위험이 크다는 **부담**˚도 있어요.

▲ 주식

▲ 펀드

따라서 돈을 모으고자 할 때, 저축과 투자 중 어떤 방법이 자신에게 맞는지 생각해 보아야 해요. 그러면 자신이 가지고 있는 돈을 효과적으로 모으거나 늘릴 수 있어요.

● **부담**(負 질질 부, 擔 멜 담)
어떠한 의무나 책임을 짐.

구조 읽기 빈칸에 알맞은 낱말을 써넣으며 내용을 정리해 보세요.

정답 및 해설 16쪽

처음	무언가를 사기 위해서는 돈이 필요하기 때문에 돈을 모아야 함.

가운데	저축	투자
	• 지출을 줄이고 돈을 모아서 저금하는 것. • ❶ ㅇㅈ 를 받을 수 있고, 돈도 안전하게 모을 수 있음.	• 이익을 기대하며 공장, 기계 등에 돈을 들이는 것. • 투자의 금융 상품으로 ❷ ㅈㅅ 과 ❸ ㅍㄷ 가 있음. • 저축보다 더 많은 이익을 기대할 수 있지만, 저축에 비해 돈을 잃을 위험이 큼.

끝	돈을 모으고자 할 때, 저축과 투자 중 자신에게 맞는 방법을 생각해야 함.

2 회독 빈칸을 채우지 못했다면 다시 꼼꼼히 읽어요!

1 이 글에 나오는 돈을 모으는 방법으로 알맞은 것 두 가지를 **보기**에서 골라 쓰세요.

┤ **보기** ├

금융   저축   대출   투자

(,   )

2 '이것'에 해당하는 낱말을 이 글에서 찾아 쓰세요.

- '이것'은 은행에 따라, 저축 상품에 따라 달라진다.
- '이것'은 은행에 맡긴 돈보다 더 받을 수 있는 돈이다.
- 저축한 사람은 '이것'을 은행에서 받고, 대출한 사람은 '이것'을 은행에 준다.

(   )

3 이 글을 읽을 때 가장 필요한 배경지식은 무엇인가요? (   )

① 돈을 빠르게 모으는 방법
② 투자해서 손해를 본 사람의 수
③ 우리 동네에 있는 은행의 위치
④ 주식 투자의 전문가가 되는 방법
⑤ 저축과 투자의 비슷한 점과 다른 점

4 이 글을 읽고 알게 된 배경지식에 대한 설명으로 알맞은 것을 찾아 선으로 이으세요.

(1) 주식 ·

(2) 저축 ·

(3) 펀드 ·

(4) 투자 ·

· ① 돈을 모으기 위해 지출을 줄이고 모아서 저금하는 것

· ② 이익을 기대하며 공장, 기계나 제품 등에 돈을 들이는 것

· ③ 회사에 투자한 사람에게 주는 증서로 직접 투자하는 방법

· ④ 돈을 전문가에게 맡겨 전문가가 대신 주식에 투자하는 방법

5 이 글과 **보기**를 읽고 알맞은 반응을 보인 친구에 ○표 하세요.

┤ **보기** ├

주식은 무엇일까?

회사를 운영하거나 공장을 만들기 위해서는 돈이 필요하다. 그래서 회사에서는 주식이라는 것을 만드는데, 주식은 쉽게 말해 회사의 주인이라는 증서이다. 회사는 주식을 팔아 필요한 돈을 마련하고, 이익이 생기면 주식을 가진 주주들과 이익을 나눈다. 물론 회사가 크게 손해를 보면 주주들은 주식을 산 돈을 잃을 수도 있다.

(1) 주식에 투자할 때는 위험 부담이 있으니 조심해야겠어.

(2) 주식은 주주가 회사를 직접 운영하는 게 아니니까 사지 말아야겠어.

(3) 주식은 저축과 달리 매번 큰 이익을 얻는다는 점에서 저축보다 낫군.

(   )   (   )   (   )

> 배경지식이 있으면 글을 쓸 때도 쉽고 자세하게 쓸 수 있어요.

6 다음 **보기**의 배경지식을 바탕으로 설명하는 글을 써 보세요.

┤ **보기** ├

• 용돈 기입장: 돈이 들어오고 나가는 것을 적는 것.
• 저축 통장: 은행에서 돈이 들어오고 나간 내용을 정리해서 알려 주는 것.

저축하는 방법

올바르게 돈을 사용하려면 저축하는 습관을 길러야 한다. 저축은 어떻게 해야 할까?

먼저 _____

_____

_____

이렇게 저축하면 돈을 계획적으로 쓸 수 있다.

08 글 속의 지시·접속 표현

지시 표현과 접속 표현은 글의 내용과 주제를 명확하게 드러내요. 지시 표현이 가리키는 말이 무엇인지, 접속 표현이 앞뒤 문장을 어떻게 연결하고 있는지 살펴보며 읽어요.

✦ 지시 표현

- 문장에서 무엇을 가리킬 때 쓰이는 말.

  예 '이', '그', '저', '이것', '그것', '저것', '이런', '저런' 등.

- 지시 표현이 가리키는 말을 알면, 글의 내용을 쉽게 이해할 수 있음.

✦ 접속 표현

- 문장과 문장 사이를 연결할 때 쓰이는 말.

  예 '그리고', '그래서', '그러나', '하지만', '또한', '왜냐하면' 등.

- 다음 문장에 나올 내용을 예측할 수 있음.

1~3 다음 밑줄 친 말이 지시 표현에 해당하면 '지', 접속 표현에 해당하면 '접'이라고 쓰세요.

1
과일 가게에 간 나는 사과를 가리키며 물었다.
"아저씨, 이 사과는 얼마예요?"
"한 개에 천 원이란다."

(   )

2
나는 사과를 산 다음 빵집으로 향했다. 지난번에 샀던 그 빵을 또 먹고 싶었기 때문이다.

(   )

3
'오늘은 내가 좋아하는 크림빵을 두 개 사야지.' 하고 생각했다. 하지만 아쉽게도 크림빵이 다 팔리고 없었다.

(   )

4 다음 (　) 안에 들어갈 표현으로 알맞은 것에 ○표 하세요.

어쩔 수 없이 나는 빵집을 나와 분식집으로 향하였다. (하지만, 왜냐하면) 분식집에는 동생이 좋아하는 핫도그를 팔기 때문이다. 다행히 분식집에는 핫도그가 남아 있었다. 나는 신이 나서 아주머니께 외쳤다.
"(저것, 저런) 두 개 주세요!"라고 말이다.

동물들의 놀라운 살아남기

1회독

🖍 설명하는 대상에 ⭕

🖍 지시 표현과 접속 표현에 〰

🖍 자연 선택의 결과에 [　]

자연의 세계는 오랜 기간 조금씩 변화해 왔어요. 공기도, 온도도, 땅의 모양도. 동물들 역시 이러한 자연의 변화에 발맞춰서 변화하였어요. 그래야 살아남을 수 있었기 때문이에요. 이처럼 환경에 적응한 동물이 살아남아 자기 자손을 남기는 것을 가리켜 '자연 선택'이라고 해요.

자연 선택을 처음으로 이야기한 사람은 과학자 **다윈**˚이에요. 다윈은 자연 선택을 생물이 **진화하는**˚ 원리로 꼽았어요. 예를 들어 많은 수의 기린이 태어났을 때, 기린의 목 길이는 다양하였어요. 하지만 기린들이 먹는 나무 잎사귀는 ㉠그 양이 정해져 있어서, 높은 나무의 잎사귀까지 뜯어 먹을 수 있는 목이 긴 기린들만 살아남게 되었어요. 자연이 목이 긴 기린들을 선택한 것이에요. ㉡이 과정이 오랫동안 계속되어 기린의 목이 지금처럼 길어졌다고 생각하는 것이 바로 자연 선택이에요.

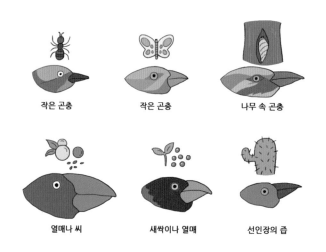

작은 곤충　　작은 곤충　　나무 속 곤충

열매나 씨　　새싹이나 열매　　선인장의 즙

자연 선택의 예는 여러 동물에서 찾아볼 수 있는데, 대표적인 동물이 바로 갈라파고스핀치예요. 남아메리카의 갈라파고스 제도에 사는 새인 갈라파고스핀치는 먹이의 종류에 따라 부리가 여러 모양으로 진화하였어요. 같은 종류의 새인데도 자신들이 사는 섬에 많은 먹이의 종류에 따라 부리 모양이 달라진 것이에요. 씨앗이 많은 섬에 사는 갈라파고스핀치는 ㉢이것을 깨서 먹기 위해 튼튼하고 두꺼운 부리를 갖는 것이 이로웠어요. 그러나 곤충이 많은 섬에 사는 갈라파고스핀치는 달랐어요. 곤충을 잡기 위해 길고 가느다란 부리가 더 편리하였어요.

또한 회색가지나방이라는 곤충의 **생태**˚에서도 자연 선택을 찾아볼 수 있어요. 영국에 사는 회색가지나방은 원래 밝은색과 어두운색 등 색이 다양하였어요. 그런데 산업이 발달하며 공장이 많이 생기고 환경 오염이 심해지자, 나무들의 색도 검게 변하였어요. 회색가지나방이 앉아서 쉬는 나

● **다윈**(Darwin) 영국의 생물학자로, 1858년에 자연 선택에 의하여 새로운 종이 기원한다는 자연 선택설을 발표함.

● **진화**(進 나아갈 진, 化 될 화)**하다** 생물이 오랜 시간에 걸쳐 조금씩 변하면서 점점 복잡한 것으로 발전되어 가다.

● **생태**(生 날 생, 態 모양 태) 생물이 살아가는 모양이나 상태.

무들이 어두운색으로 변하게 된 것이에요. 밝은색 회색가지나방은 **천적**들의 눈에 띄기 쉬워 살아남기 힘들었어요. ㉣그 결과 어두운색 회색가지나방들이 많아지게 되었어요.

이처럼 동물들은 자신이 사는 자연과 떼려야 뗄 수 없는 관계에 있어요. 동물에게 자연은 삶의 터전이 되어 주기 때문이에요. ⟨　㉮　⟩ 먹이를 더 잘 먹을 수 있는 기다란 목과 알맞은 부리를 갖고, 천적으로부터 더 안전한 색을 갖게 되었어요. 이러한 노력 덕분에 살아남은 동물들은 자손을 남겼어요. 진화는 지구상에 동물이 살아가는 한 계속될 거예요. 앞으로도 쭉.

● **천적**(天 하늘 천, 敵 원수 적)
어떤 생물을 잡아먹거나 해를 미쳐 그 생물의 적이 되는 생물.

 **구조 읽기** 빈칸에 알맞은 낱말을 써넣으며 내용을 정리해 보세요.

정답 및 해설 18쪽

처음	환경에 적응한 동물이 살아남아 자손을 남기는 것을 ❶ ㅈ ㅇ ㅅ ㅌ 이라고 함.

가운데	기린	갈라파고스핀치	회색가지나방
	높은 나무의 잎사귀를 뜯어먹을 수 있는 ❷ ㅁ 이 긴 기린들만 살아남게 됨.	섬에 있는 먹이의 종류에 따라 새의 ❸ ㅂ ㄹ 가 여러 모양으로 달라졌음.	주변 환경의 영향으로 나무들의 색이 검게 변하자, ❹ ㅇ ㄷ ㅇ 색 회색가지나방들이 많아지게 됨.

끝	진화는 지구상에 동물이 살아가는 한 계속될 것임.

2 회독 빈칸을 채우지 못했다면 다시 **꼼꼼히** 읽어요!

1 이 글에서 설명하는 대상으로 알맞은 것의 번호를 쓰세요.

① 자연 선택　　　② 자연의 세계　　　③ 자연의 변화

(　　　　　　)

2 이 글에서 알 수 있는 자연 선택의 예로 알맞지 <u>않은</u> 것은 무엇인가요?

(　　　　　　)

① 정해진 잎사귀를 보호하기 위해 키가 커진 나무
② 높은 나무의 잎사귀를 먹을 수 있는 목이 긴 기린
③ 천적으로부터 안전한 색을 가지게 된 어두운색 회색가지나방
④ 곤충을 잡기 위해 길고 가느다란 부리를 갖게 된 갈라파고스핀치
⑤ 씨앗을 먹기 위해 튼튼하고 두꺼운 부리를 갖게 된 갈라파고스핀치

3 ㉠~㉣의 표현이 가리키는 내용으로 알맞은 것에 모두 ○표 하세요.

(1) ㉠ 그: 기린들이 먹는 나무 잎사귀　(　　　　　)
(2) ㉡ 이: 자연이 목이 긴 기린들을 선택한 것　(　　　　　)
(3) ㉢ 이것: 씨앗이 많은 섬에 사는 갈라파고스핀치　(　　　　　)
(4) ㉣ 그: 어두운색 회색가지나방들이 많아지게 된 것　(　　　　　)

4 글의 흐름으로 보아, ㉤에 들어갈 접속 표현으로 알맞은 것은 무엇인가요?

(　　　　　　)

① 그러나　　　　② 그리고　　　　③ 하지만
④ 그래서　　　　⑤ 그렇지만

5 이 글을 바탕으로 **보기**를 알맞게 이해한 친구에 ○표 하세요.

| 보기 |

사람들은 바퀴벌레, 모기와 같은 해충을 죽이기 위해 살충제를 사용해요. 그런데 살충제를 계속 사용하면, 해충들은 살충제에 버티는 성질을 키우게 돼요. 처음에는 살충제를 조금만 써도 해충을 없앨 수 있지만, 점점 더 살충제의 양을 많이 써도 해충을 없앨 수 없어요. 그러다 보면 점점 더 강한 살충제를 사용하게 되고, 이 살충제에 잘 버티는 해충들만 살아남아 자손을 남기게 돼요.

(1) 살충제에 살아남은 해충이 자연 선택되었구나.

(   )

(2) 살충제를 조금만 뿌려도 해충을 없앨 수 있으니 살충제의 종류를 다양하게 할 필요는 없구나.

(   )

> 글을 쓸 때 지시 표현과 접속 표현을 쓰면 글에 자신의 생각을 잘 담을 수 있어요.

6 **보기**의 지시 표현과 접속 표현 중에서 각각 하나씩을 넣어 글을 써 보세요.

| 보기 |

• 지시 표현
 '이', '그', '저', '이것', '그것', '저것', '이런', '저런'
• 접속 표현
 '그리고', '그래서', '그러나', '하지만', '또한', '왜냐하면'

_____

_____

_____

09 사건과 **복선**

서쪽으로 가면
보물이 있을 거야.

내가 사건의
단서인 복선!

길 없음
돌아가시오.

저 반지가
왠지 수상해!

이야기에는 여러 사건이 일어나요. 이때 읽는 이에게 앞으로 일어날 사건을 넌지시 알려
주는 단서를 복선이라고 해요. 복선을 알면, 사건을 예측할 수 있어서 이야기를 흥미롭게
읽을 수 있어요.

복선 인물의 말과 행동, 이야기의 배경과 이야기에 쓰인 소재 등을 통해 앞으로 일어날
일에 대하여 은근하게 알려 주는 것.

예 몸이 아픈 그는 "보라색이 좋아."라고 말하였다. ➡ 죽음을 알려 주는 복선

예 여행을 떠나려 하자, 까만 먹구름이 하늘을 뒤덮었다. ➡ 안 좋은 일이 생길 것을 알려
　　주는 복선

확인 문제를 풀어 보며 개념을 익혀요.

1~2 다음 사건이 일어날 것을 미리 알려 주는 단서에 ○표 하세요.

1

사건: 서울로 돈을 벌러 간 노마는 크게 성공하여 고향에 돌아왔다.

① 서울에 온 노마는 빨리 돈을 벌고 싶었지만, 노마를 받아 주는 곳이 없었다.

② 아버지의 꿈속에서 노마는 머리에 왕관을 쓰고 멋진 망토를 걸치고 있었다.

(   )   (   )

2

사건: 겨울이 되자 베짱이는 먹을 것이 없어 굶어 죽을 처지에 놓였다.

① "베짱이야, 노래 부르고 놀기만 하다가는 추운 겨울에 먹을거리가 없게 돼."

② "베짱이야, 나무 그늘에서 여름 내내 노래를 불러 줘서 더 많은 먹이를 모을 수 있었어."

(   )   (   )

3 다음 복선을 보고 일어날 사건으로 알맞은 것을 찾아 선으로 이으세요.

사건

복선

맑은 하늘에 갑자기 시커먼 먹구름이 몰려왔다.

• ① 인물이 모함을 받고 쫓겨나게 된다.

• ② 인물이 구름 한 점 없이 푸르른 하늘을 본다.

이상한 무인 문구점

1회독

🔖 이야기의 중심 글감에 ◯

🔖 복선이 되는 인물의 말이나 행동에 〰️

🔖 이야기에서 일어난 사건에 [　]

"이건 뭐야? 늘었다 줄었다 친구 컴퍼스?"

반짝이는 은빛의 중심축에, 유리처럼 투명하고 얇은 침이 꽂혀 있는 컴퍼스였다. 회전 나사가 있는 부분에는 어깨동무를 하고 환하게 웃는 세 친구의 모습이 그려져 있었다. 행복해 보이는 그 얼굴이 부러워서 주원이는 한참 동안 눈을 떼지 못했다.

– 그게 마음에 들어?

"아이고, 깜짝이야!"

주원이는 뒤로 자빠질 뻔했다.

'무인 문구점이라면서, 이건 누구 목소리지?'

– 자네, 물건 보는 눈이 있구먼. '늘었다 줄었다 친구 컴퍼스'로 말할 것 같으면, 300년간 **연금술**˚을 연구한 고대의 연금술사가 만들어 낸 순은에, 불과 대장장이의 신 헤파이스토스가 800도의 화덕에서 만들어 낸 전설의 바늘을 꽂은 것으로…….

주원이는 무인 계산대 위에 달린 스피커를 찾아냈지만, 스피커와 대화하고 싶은 마음은 들지 않았다.

(중략)

㉮ ⎰ 주원이는 이제 확실하게 깨달았다. 이건 친구를 만들어 주는 요술 컴퍼스였다. 컴퍼스로 원을 그리고 그 안에 친구 이름을 적어 넣으면, 그 친구의 **호감**˚을 얻을 수 있었다. ⎱

컴퍼스 나사를 헐렁하게 풀어 원을 더 크게 그리면, 더 많은 친구의 이름을 적어 넣을 수 있었다. ㉠주원이는 스케치북 한 권을 다 써서 반 친구들 전체의 이름을 컴퍼스 원 안에 집어넣었다.

"주원아! 점심 같이 먹을래?"

"주원아! 집에 같이 가자!"

주원이는 순식간에 학교에서 가장 인기 있는 아이가 되었다. 언제나, 어딜 가나, 항상 친구들에게 둘러싸였다. 학교가 끝난 후에도 다들 주원이를 자기 집에 부르거나, 아니면 주원이네 집에 놀러 오고 싶다고 난리였다.

* **연금술**(鍊 불릴 연, 金 쇠 금, 術 꾀 술) 구리·납·주석 등으로 금이나 은 등의 귀금속을 만드는 화학 기술.
* **호감**(好 좋을 호, 感 느낄 감) 상대에게 느끼는 좋은 감정.

인기가 많아지면, 마냥 행복할 줄 알았는데 그건 주원이의 착각이었다.

"주원아, 어제 나랑 집에 같이 가기로 해 놓고, 왜 쟤랑 갔어?"

"축구 할 건데, 주원이 넌 우리랑 팀 할 거지?"

친구들끼리 자신을 두고 서로 **시기하고**• 질투할 때, 주원이는 어느 한 쪽의 편을 들어줄 수 없어 난처했다.

"어머, 주원이 머리 모양이 바뀌었네? 머리 어디서 잘라?"

"주원아, 너 혈액형이 뭐야? 좋아하는 음식은?"

친구들이 지나치게 관심을 보이는 것도 부담스러웠다. 수업 시간에 고개를 한 번 까닥거리기만 해도 48개의 눈이 뚫어져라 쳐다보니, 이건 뭐 감옥에 갇힌 기분이었다.

(중략)

"이건 진짜가 아니야!"

주원이는 컴퍼스를 잡고 힘을 주었다. 젖 먹던 힘까지 전부 짜냈다. **둔탁한**• 소리와 함께 컴퍼스가 부러지는 순간, 주원이는 답답했던 속이 뻥 뚫리는 느낌이었다.

- **시기**(猜 시새울 시, 忌 꺼릴 기)**하다** 남이 잘 되는 것을 샘하여 미워하다.
- **둔탁**(鈍 무딜 둔, 濁 흐릴 탁)**하다** 소리가 굵고 거칠며 깊다.

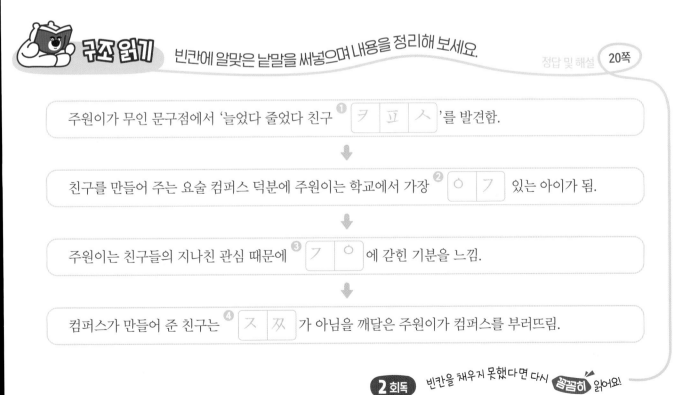

구조 읽기 빈칸에 알맞은 낱말을 써넣으며 내용을 정리해 보세요.

정답 및 해설 20쪽

주원이가 무인 문구점에서 '늘었다 줄었다 친구 ❶ [ㅋ][ㅍ][ㅅ]'를 발견함.

↓

친구를 만들어 주는 요술 컴퍼스 덕분에 주원이는 학교에서 가장 ❷ [ㅇ][ㄱ] 있는 아이가 됨.

↓

주원이는 친구들의 지나친 관심 때문에 ❸ [ㄱ][ㅇ]에 갇힌 기분을 느낌.

↓

컴퍼스가 만들어 준 친구는 ❹ [ㅈ][ㅉ]가 아님을 깨달은 주원이가 컴퍼스를 부러뜨림.

2회독 빈칸을 채우지 못했다면 다시 **꼼꼼히** 읽어요!

1 '늘었다 줄었다 친구 컴퍼스'에 대한 설명으로 알맞지 <u>않은</u> 것은 무엇인가요?
( )

① 그림이 그려진 부분이 있다.

② 무인 문구점에서 팔고 있다.

③ 투명하고 얇은 침이 꽂혀 있다.

④ 은처럼 반짝이는 중심축이 있다.

⑤ 친구들의 이름이 적힌 나사가 있다.

2 주원이의 행동에 따른 마음의 변화로 알맞은 것을 찾아 선으로 이으세요.

(1) | 컴퍼스를 사기 전 | ·

· ① | 답답했던 속이 뻥 뚫리는 것 같음.

(2) | 컴퍼스를 부러뜨린 후 | ·

· ② | 행복해 보이는 친구들의 모습이 부러움.

3 주원이가 ㉠처럼 행동하여 벌어지는 사건으로 알맞지 <u>않은</u> 것은 무엇인가요?
( )

① 주원이가 학교에서 가장 인기 있는 아이가 된다.

② 주원이가 어딜 가나 항상 친구들에게 둘러싸였다.

③ 학교가 끝난 후에 다들 주원이를 자기 집에 부른다.

④ 주원이가 수업 시간에 고개만 돌려도 반 친구들이 모두 쳐다본다.

⑤ 주원이가 어느 한쪽의 편을 들어주어 친구들끼리 다툼이 벌어진다.

4 주원이가 **보기**와 같은 행동을 할 것임을 알려 주는 단서에 ○표 하세요.

┤ 보기 ├

주원이는 젖 먹던 힘까지 전부 짜내어 컴퍼스를 부러뜨린다.

(1) 친구들이 자신 때문에 다툴 때 우쭐해진다. ( )

(2) 친구들의 지나친 관심 때문에 감옥에 갇힌 기분이 든다. ( )

5 ⓐ의 앞에 일어났을 일로 알맞은 것은 무엇인가요? (   )

① 요술 컴퍼스가 주원이가 친해지고 싶은 친구의 이름을 씀.

② 주원이가 고대의 연금술사를 찾아가 요술 컴퍼스에 대해 물어봄.

③ 컴퍼스로 그린 원에 친구 이름을 넣었는데 그 친구가 친근하게 다가옴.

④ 스피커의 목소리가 주원이에게 요술 컴퍼스를 사용하는 방법을 알려 줌.

⑤ 친구들이 몰려 와 주원이에게 자신의 이름을 원 안에 써 줄 것을 요청함.

6 이 이야기 다음에 이어질 내용으로 알맞은 것의 번호를 쓰세요.

> ① 주원이는 부러진 컴퍼스의 허전함을 달래기 위해 컴퍼스를 샀던 무인 문구점에 다시 찾아간다.
>
> ② 주원이는 여전히 친구가 갖고 싶어 진짜 친구를 만들기 위해 반 친구 전체에게 읽어 줄 편지를 쓴다.

(   )

> 어떤 일이 일어날지 상상해 본 후, 그 일에 대해 은근히 알려 주는 복선을 넣어 보세요.

7 다음 보기의 사건과 복선을 보고 뒤에 이어질 사건을 써 보세요.

┤ 보기 ├

• 사건: 학원 시험을 망친 나는 시무룩해져서 집에 가기 싫었다.

• 복선: 나는 무인 카페에서 '기억력 높이는 쿠키'를 샀다.

• 이어질 사건: _____

_____

_____

10 안내문의 특징

안내문은 우리 생활에서 쉽게 접하는 글이에요. 아파트 게시판이나 공공기관, 박물관 등에 붙어 있어요. 학교나 학원에서 안내문을 나누어 주기도 해요. 안내문을 읽을 때는 글의 목적을 살펴보며 읽어요.

✦**안내문** 어떤 내용이나 행사 등을 소개하여 알려 주는 글.

✦**안내문의 특징**

• 이해하기 쉬운 낱말과 문장을 사용하여 소개함.

• 시간, 장소, 방법 등 안내하는 내용이 정확하게 드러남.

• 안내문의 목적에 따라 내용을 간결하게 전달함.

확인 문제를 풀어 보며 개념을 익혀요.

1 다음 안내문을 읽고 안내하는 내용으로 알맞은 것에 ○표 하세요.

> 숲으로 떠나는 신나는 여행!
> 자연을 배우고 친구들과 즐거운 시간을 보내요.
> 준비물을 꼭 챙겨 오고, 안전에 유의해요.
> 날짜는 5월 10일, 장소는 ○○숲.
> 재미있는 하루가 될 거예요.

(1) 박물관 관람 안내문　(　　　　　)
(2) 숲 체험 학습 안내문　(　　　　　)

2 다음 안내하는 내용이 무엇에 해당하는지 보기에서 골라 쓰세요.

┤ 보기 ├

일자　　　일정　　　장소　　　준비물　　　행사 제목

(1) 어린이 경제 교육 캠프　(　　　　　)
(2) 20○○년 7월 26일 ~ 7월 27일 (1박 2일)　(　　　　　)
(3) 개인 여벌 옷, 세면도구, 필기도구, 개인 비상약　(　　　　　)

3 다음 안내문의 목적으로 알맞은 것에 ○표 하세요.

> 오늘은 학교 화단을 가꾸는 날입니다.
> 장소는 운동장, 시간은 오전 9시부터!
> 깨끗한 학교를 우리 함께 만들어요.

(1) 학교 행사에 참여하라고 설득하기 위한 글　(　　　　　)
(2) 학교 행사에 대한 정보를 알려 주기 위한 글　(　　　　　)

초록 미술관 체험에 초대합니다

1회독

● 안내하는 행사 제목에 ◯

● 세부 내용 세 가지에 〰

● 신청 방법과 가는 방법에 [　　]

자연을 만나고 싶나요? 예술 작품을 감상하는 게 지루한가요? 그렇다면 초록 미술관에 놀러 오세요. 초록 미술관은 푸르른 숲속에 자리하고 있으며, 다양한 현대 미술 작품을 만날 수 있는 곳입니다. 미술관을 둘러싼 자연과 신나게 놀며 상상력을 펼치면, 예술과 친해질 수 있습니다. 예술이 더는 어렵지 않습니다. 이번 초록 미술관에서는 '자연에서 놀기 체험' **행사**˚를 준비하였습니다. 자세한 내용은 아래 안내문을 참고해 주세요.

🌱 자연에서 놀기 체험

□ 행사: 자연에서 놀기 체험

□ 목적: '자연에서 놀기 체험'은 미술·자연·놀이를 주제로 미술관 안과 밖을 연결하는 활동입니다. 어린이들은 '빛, 바람, 흙, 나무, 열매'를 미술관 밖에서 직접 보고, 만지고, 냄새 맡고, 듣는 관찰 활동을 통해 자연과 만나게 됩니다. 또 미술관 안에서 '빛, 바람, 흙, 나무, 열매' 등이 표현된 그림과 사진 작품을 감상하며 예술과 한걸음 친해지게 됩니다.

□ **세부**˚ 내용

1. 자연 만나기: 미술관을 둘러싼 숲에서 온몸으로 자연을 느끼게 됩니다. 아이들이 직접 야외에 나가 햇볕을 쬐고, 흙을 밟고, 손으로 낙엽을 모으고, 크고 작은 열매도 주어 봅니다. 자연의 소리에도 귀 기울여 봅니다.

2. 미술관 풍경 감상하기: 미술관 바깥 풍경을 찍은 사진들을 감상합니다. 미술관 풍경을 고스란히 촬영한 30여 장의 사진을 대형 퍼즐로 만들었습니다. 어린이들이 직접 퍼즐을 맞추며 미술관 풍경을 감상하게 됩니다.

● **행사**(行 다닐 행, 事 일 사)
여럿이 어떤 목적과 계획을 가지고 조직적인 모임이나 절차를 진행하는 것.

● **세부**(細 가늘 세, 部 나눌 부)
자세한 부분.

3. 미술관 풍경 만들기: 나의 이야기가 담긴 미술관 풍경을 만들어 봅니다. 원하는 색깔을 직접 정해 만들 수 있습니다. 그리고 내가 만든 미술관 풍경을 친구들이 만든 미술관 풍경과 연결하여 우리들의 미술관 풍경 이미지를 완성합니다.

☐ 기간: 20○○년 5월 4일 ~ 11월 30일, 오전 10 ~ 11시
☐ 장소: 초록 미술관
☐ **신청*** 기간: 20○○년 4월 1 ~ 25일
☐ 신청 방법: 초록 미술관 누리집
☐ 참가비: 무료
☐ 준비물: 편안한 복장, 마실 물
☐ **문의***: 123-4567 (초록 미술관 교육팀)
☐ 오시는 길: 지하철 4호선 대공원역 2번 출구 앞에서 코끼리 열차를 타고 오시면 됩니다. 대공원역 4번 출구 좌측 30미터 지점 정류장에서 셔틀버스를 타고 오실 수도 있습니다. 셔틀버스 요금은 무료이며, 20분 간격으로 운행합니다.

- **신청**(申 납 신, 請 청할 청) 일을 맡은 기관에 어떤 일을 해 줄 것을 정식으로 요구하는 것.
- **문의**(問 물을 문, 議 의논할 의) 어떤 문제에 대하여 알 만한 사람에게 묻는 것.

 **구조읽기** 빈칸에 알맞은 낱말을 써넣으며 내용을 정리해 보세요.

정답 및 해설 22쪽

초록 미술관 소개		자연에서 놀기 체험 ❷ ㅇ ㄴ ㅁ
• 푸르른 숲속에 자리하고 있으며, 다양한 현대 ❶ ㅁ ㅅ 작품을 만날 수 있는 곳임. • 이번 초록 미술관에서는 '자연에서 놀기 체험' 행사를 준비하였음.	➡	행사, 목적, 세부 내용, 기간, ❸ ㅈ ㅅ, 신청 기간, 신청 방법, 참가비, 준비물, 문의, 오시는 길 등을 안내함.

2 회독 빈칸을 채우지 못했다면 다시 꼼꼼히 읽어요!

1 이 글은 어떤 목적의 글인지 알맞은 것에 ○표 하세요.

(1) 어떤 문제를 해결하는 방법을 제안하는 글　(　　　　)

(2) 행사 프로그램을 소개하고 참가 방법을 알려 주는 글　(　　　　)

(3) 어떤 장소를 방문해 보고 듣고 느끼고 생각한 것을 쓴 글　(　　　　)

2 이 글을 읽고 답할 수 <u>없는</u> 내용은 무엇인가요?　(　　　　)

① 미술관 풍경은 어떻게 감상하나요?

② 초록 미술관은 어떻게 찾아가나요?

③ 초록 미술관 주변 숲에서는 어떤 열매가 자라나요?

④ 행사에 대해 궁금한 점은 어디로 물어보면 되나요?

⑤ 자연에서 놀기 체험 행사 신청은 언제까지 하면 되나요?

3 안내문의 세부 내용에 알맞은 세부 활동을 찾아 선으로 이으세요.

(1) 자연 만나기　·

· ① 미술관 바깥 풍경을 찍은 사진들로 만든 대형 퍼즐을 맞춘다.

(2) 미술관 풍경 감상하기　·

· ② 내가 만든 미술관 풍경과 친구들이 만든 미술관 풍경을 이미지로 연결한다.

(3) 미술관 풍경 만들기　·

· ③ 야외에 나가 햇볕을 쬐고, 흙을 밟고, 손으로 낙엽을 모으고, 크고 작은 열매도 줍고, 자연의 소리에도 귀 기울인다.

4 이 글을 읽고 안내문에 대해 바르게 이해하지 <u>못한</u> 친구의 이름을 쓰세요.

선우: 자연과 미술관을 즐기고 싶은 친구들에게 도움을 주는 글이야.

여진: 미술관 관람이라는 주제에 대한 글쓴이의 생각이나 주장이 분명하게 드러나 있어.

하나: '자연에서 놀기 체험' 행사를 이해하기 쉬운 낱말과 문장으로 정확하게 안내하고 있어.

(　　　　　　　　)

5 이 글을 읽고 생각이나 느낌을 알맞게 말하지 <u>못한</u> 친구의 이름을 쓰세요.

예술은 어렵다고 생각했는데 숲속에 미술관이 있다니! 처음 알게 된 사실에 좀 신기했어!

지율

체험 신청 방법이 적혀 있지 않아 직접 찾아봐야 한다는 점이 좀 아쉽지만 재미는 있을 것 같아.

한율

집에서 멀긴 하지만 관찰 활동과 감상 활동이 함께 어우러진다는 점에서 참가하고 싶은 마음이 들어.

도율

( )

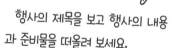

행사의 제목을 보고 행사의 내용과 준비물을 떠올려 보세요.

6 체험 활동 참가자를 모집하는 안내문을 완성해 써 보세요.

> ### 점토로 동물 만들기 참가자 모집
>
> - 일시: 10월 5일 토요일 오후 2~3시
> - 장소: ○○ 아파트 놀이터 앞
> - 대상: 3~6학년 초등학생
> - 모집 인원: 20명
>
> - 내용: _____
>
>   _____
>
> - 준비물: _____
> - 신청 방법: 전화로 신청(321-7654)
>
>   참가자 모두에게 시원한 음료수를 드립니다. 많이 신청해 주세요!

3+ 주차에서 우리는

11 시 속의 세계

시의 세계는 현실에 말하는 이의 상상력이 더해져 새롭게 만들어진 세계예요. 말하는 이는 시의 분위기나 주제를 자신이 창조한 세계에서 펼쳐서 드러내요. 시에 나타난 세계를 살펴보며 시를 읽어 보아요.

╋시 속의 세계

- 시에서 말하는 이의 감정, 시 속 상황, 분위기 등을 통해 드러나는 것으로 현실 세계와 구분되는 세계.
- 현실 세계를 뛰어넘는 상상력을 통해 불가능한 것을 가능하게 만들고, 새로운 세계를 창조함.
- 기쁨, 슬픔, 분노 등 다양한 감정을 실감 나게 표현하여 시를 읽는 이에게 감동을 줌.

1~2   **다음 시에 대한 설명으로 알맞은 것에 ○표 하세요.**

1

줄줄 녹은 딸기 아이스크림
달콤한 수영장이 되었네.
개미도 풍덩, 파리도 풍덩

(1) 개미와 파리를 사람처럼 표현하여 (신나는, 우울한) 느낌을 드러내었다.

(2) 아이스크림이 (땅에 떨어져서 녹은, 녹아서 손으로 흘러내린) 상황을 표현
하였다.

2

톡톡 빗방울이
떨어진다.
톡톡 빗방울이
춤을 춘다.

(1) (빗방울, 물방울)이 땅 위로 떨어지는 상황이다.

(2) '춤을 춘다'는 표현을 사용하여 (활기찬, 우울한) 분위기를 만들었다.

3~4   **다음 시를 읽고 떠오르는 모습을 알맞게 표현한 그림을 찾아 선으로 이으
세요.**

3

반짝반짝 반딧불이
하나둘 모여서
여름밤 하늘에
노란 수를 새긴다.

•   • ①

4

동글동글
돌멩이가 굴러갑니다.
떼굴떼굴
돌멩이들 달리기가 한창입니다.

•   • ②

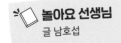

가 잠자리 쉼터

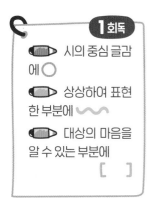

1회독

🔵 시의 중심 글감에 ○

🔵 상상하여 표현한 부분에 〰

🔵 대상의 마음을 알 수 있는 부분에 [　]

손을 쭉 뻗어
검지를
하늘 가운데 세웠더니
잠자리가 앉았습니다.

내 손가락이
잠자리 쉼터가 되었습니다.

가만히 있었습니다.

내가 나뭇가지가 되었습니다.

구조읽기

정답 및 해설 24쪽

빈칸에 알맞은 낱말을 써넣으며 내용을 정리해 보세요.

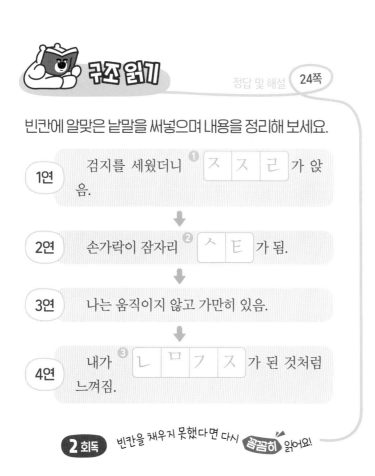

1연　검지를 세웠더니 ❶ ㅈ ㅈ ㄹ 가 앉음.

↓

2연　손가락이 잠자리 ❷ ㅅ ㅌ 가 됨.

↓

3연　나는 움직이지 않고 가만히 있음.

↓

4연　내가 ❸ ㄴ ㅁ ㄱ ㅈ 가 된 것처럼 느껴짐.

2회독　빈칸을 채우지 못했다면 다시 꼼꼼히 읽어요!

나 **따개비 마을**

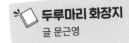
두루마리 화장지
글 문근영

옹기종기 나지막한 집
다닥다닥 조그마한 집

아무도
안 사는 줄 알았는데

물이 들어오니
여기저기서 **촉수** 를 내미네

빈집 아니라는 듯

- **따개비** 물이 드나드는 바닷가 바위에 붙어살며, 삿갓같이 생긴 회색 껍데기에 덮여 있는 작은 동물.

- **촉수**(觸 닿을 촉, 手 손 수) 말미잘·해파리·멍게와 같은 무척추동물의 촉각을 맡고 먹이를 잡는 일을 하는 기관.

 **구조읽기**

정답 및 해설 24쪽

빈칸에 알맞은 낱말을 써넣으며 내용을 정리해 보세요.

| 1연 | 작고 나지막한 ④ ㅈ 들이 있음. |

↓

| 2연 | 아무도 안 사는 줄 알았음. |

↓

| 3연 | 물이 들어오니 따개비들이 ⑤ ㅊ ㅅ 를 내밀었음. |

↓

| 4연 | ⑥ ㅂ ㅈ 이 아닌, 따개비 마을이었음. |

2 회독 빈칸을 채우지 못했다면 다시 꼼꼼히 읽어요!

1 시 **가** 에서 중심이 되는 내용은 무엇인가요? (   )

① 잠자리가 하늘을 나는 이유

② 잠자리에게 손가락을 물린 까닭

③ 잠자리에게 손가락을 뻗어 준 일

④ 잠자리의 날개를 손가락으로 잡은 모습

⑤ 잠자리가 손가락에 나뭇가지를 갖다 놓은 방법

2 시 **나** 에서 '집'이 무엇을 의미하는지 세 글자로 쓰세요.

(   )

3 시 **가** 에서 말하는 이가 상상하여 표현한 부분 두 가지는 무엇인가요?

(,   )

① 검지를 / 하늘 가운데 세웠더니

② 잠자리가 앉았습니다.

③ 내 손가락이 / 잠자리 쉼터가 되었습니다.

④ 가만히 있었습니다.

⑤ 내가 나뭇가지가 되었습니다.

4 시 **나** 에서 말하는 이가 실제로 경험한 세계에 대해 바르게 말한 친구의 이름을 쓰세요.

> 지한: 시 **나** 의 말하는 이는 많은 사람이 다닥다닥 붙어서 사는 동네를 보았어.
>
> 우진: 시 **나** 의 말하는 이는 바닷가의 바위 위에 따개비들이 다닥다닥 붙어 있는 것을 보았어.

(   )

5 시 **가**와 **나**에서 잠자리와 따개비의 마음이 어떠하였을지 알맞게 말한 친구의 이름을 쓰세요.

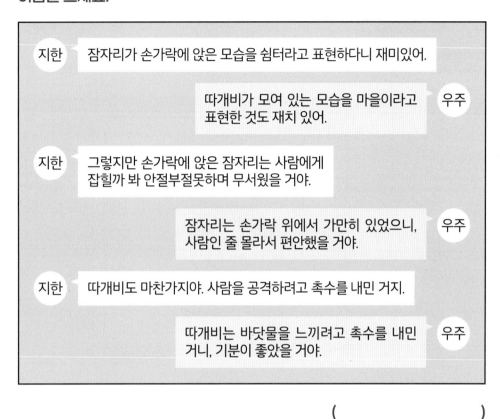

지한 잠자리가 손가락에 앉은 모습을 쉼터라고 표현하다니 재미있어.

우주 따개비가 모여 있는 모습을 마을이라고 표현한 것도 재치 있어.

지한 그렇지만 손가락에 앉은 잠자리는 사람에게 잡힐까 봐 안절부절못하며 무서웠을 거야.

우주 잠자리는 손가락 위에서 가만히 있었으니, 사람인 줄 몰라서 편안했을 거야.

지한 따개비도 마찬가지야. 사람을 공격하려고 촉수를 내민 거지.

우주 따개비는 바닷물을 느끼려고 촉수를 내민 거니, 기분이 좋았을 거야.

(   )

거북이가 파란 하늘을 나는 세계는 어떠할지 마음껏 상상해 보세요.

6 다음 사진을 보고 상상한 내용을 시로 써 보세요.

→

하늘 거북

파란 하늘을
둥실둥실
날아가는 거북

_____

_____

12 글의 **내용 전개** 방식 – **차례**

1. 우선 짧은 고름이 긴 고름 위에 오도록 교차해요. 짧은 고름을 긴 고름 아래로 돌려 위쪽으로 잡아 빼요.

2. 짧은 고름을 둥글게 말아요.

3. 그다음으로 긴 고름을 집어 짧은 고름의 둥근 고리 안으로 넣어 줘요.

4. 끝으로 긴 고름을 잡아당겨 고(매듭이 풀리지 않도록 한 가닥을 고리처럼 맨 것)를 만들고, 적당한 크기로 모양을 잡아 줘요.

차례대로 설명하니 이해하기 쉽네!

개념 사전

설명하는 글에서 어떤 일을 하는 순서에 따라 내용을 차례대로 설명하는 경우가 있어요. 설명하는 글에 쓰인 차례를 나타내는 말을 찾아보고, 일을 하는 방법을 정확히 이해해 보아요.

✦차례

• 일의 절차나 결과에 대해 더 정확하게 표현할 수 있음.

• 차례를 나타내는 말인 '첫째', '우선', '먼저', '그다음으로', '끝으로', '마지막으로' 등을 사용함.

확인 문제를 풀어 보며 개념을 익혀요.

1~2 다음 (   ) 안에 들어갈 알맞은 낱말을 **보기**에서 골라 쓰세요.

┤ **보기** ├

첫째   마지막으로   그다음으로

1
　　딸기 우유를 만들려면 먼저 딸기 일곱 개를 작게 썰어야 한다. (   )
우유 삼백 밀리리터에 썰어 놓은 딸기와 꿀을 넣는다. 마지막으로 재료가 잘 섞
이게 젓는다.

2
　　용수철저울로 무게를 재는 방법은 이렇다. (   ), 영점 조절 나사
를 영점에 맞춘다. 둘째, 고리에 물체를 매단다. 셋째, 표시자에 눈높이를 맞
추고 눈금을 읽는다.

3 다음 글을 읽고 일의 절차가 드러나게 차례대로 번호를 쓰세요.

　　강아지를 목욕시키는 방법은 다음과 같다.
① 우선 욕조나 대야에 미지근한 물을 담는다.
② 마지막으로 물로 거품을 잘 헹구고, 수건으로 꼼꼼하게 털을 말린다.
③ 강아지 샴푸로 거품을 내어 온몸을 씻겨 준다.
④ 그리고 강아지가 놀라지 않게 발과 꼬리부터 물을 묻힌다.

(   ) ➡ (   ) ➡ (   ) ➡ (   )

소수림왕의 개혁

소수림왕은 중국에서 들어온 불교를 나라의 정식 종교로 받아들입니다. 원래 고구려에서는 다양한 신을 모셨어요. 고구려를 세운 주몽만 봐도 알 수 있지요. 주몽의 아버지인 해모수는 하늘 신인 천제의 아들이고, 어머니인 유화는 강의 신 하백의 딸이에요. ㉠또 고구려에는 귀족들이 전통적으로 모시는 신들도 따로 있었어요.

㉡하지만 나라의 위기를 극복하기 위해서는 하나로 똘똘 뭉쳐야 하잖아요. 소수림왕은 불교를 통해 사람들의 마음을 하나로 모으겠다는 계획을 세웠어요. 서로 다른 신을 믿는 것보다는 하나의 종교를 갖는 것이 사람들의 마음을 하나로 모으는 데 도움이 되니까요. ㉢여기에서 더 나아가 소수림왕은 '왕은 곧 부처'라고 내세우면서 왕권을 훨씬 강화할 수 있었습니다.

㉣그다음에는 수도에 태학이라는 학교를 세웠어요. 태학은 **유학**˚을 가르치는 일종의 대학교예요. 유학에서는 나라에 충성하는 것을 중요하게 생각하거든요. 소수림왕은 태학을 세워서 나라를 위해 일할 인재를 직접 길러 내려 했던 것이죠.

마지막으로는 **율령**˚을 **반포해요.**˚ 율령이라는 말이 좀 어렵죠? 쉽게 말하면 나라를 다스리는 규칙과 법을 만들었다는 뜻이에요. 법을 통해 나라의 질서를 세운 것이죠. 이렇듯 소수림왕은 불교를 받아들이고, 태학을 세우고, 율령을 반포하는 등 다양한 개혁을 통해 혼란스러웠던 고구려를 안정시킵니다.

소수림왕의 개혁은 금방 효과를 발휘합니다. 소수림왕이 다스리는 동안 고구려는 몇 차례에 걸쳐 백제를 공격해요. 나라의 혼란이 이어졌다면 절대 그러지 못했겠죠.

㉤만약에 소수림왕이 아버지 고국원왕을 잃은 슬픔에 빠져 앞뒤 생각 없이 바로 백제를 공격했다면 고구려는 어떻게 되었을까요? 아마 회복할 수 없을 정도의 **타격**˚을 입었을지도 몰라요.

- **유학**(儒 선비 유, 學 배울 학) 옛 중국의 철학자인 공자의 가르침을 연구하는 학문.
- **율령**(律 법률 률, 令 명령할 령) 나라의 법과 명령.
- **반포**(頒 나눌 반, 布 베 포)**하다** 모든 사람이 알 수 있도록 문서·법령 등을 만들어 두루 알리다.
- **타격**(打 칠 타, 擊 부딪칠 격) 어떤 일에서 크게 기를 꺾거나 손해를 줌.

㉠소수림왕은 아버지를 잃은 상황에서도 어떤 것이 나라를 위해 더 옳은 일인가를 생각했어요. 제도 개혁으로 나라를 안정시킨 소수림왕은 고구려의 위기를 지혜롭게 극복하고 강력한 고구려를 만들어 낼 수 있었어요.

위기는 또 다른 기회라고도 하잖아요. 위기를 잘 넘기면 새로운 기회가 찾아오곤 하지요. 고구려도 마찬가지예요. 위기를 성공적으로 벗어난 고구려는 곧 **전성기**˚를 맞이해요.

• **전성기**(全 온전할 전, 盛 성할 성, 期 기약할 기) 가장 번성한 시기.

 **구조 읽기** 빈칸에 알맞은 낱말을 써넣으며 내용을 정리해 보세요.

정답 및 해설 26쪽

소수림왕의 개혁	• 불교를 나라의 정식 종교로 받아들여 ❶ ㅇ ㄱ 을 강화하고자 함. • ❷ ㅌ ㅎ 을 세워 나라의 인재를 기름. • 율령을 반포해 나라의 질서를 세우고자 함.
개혁의 효과	제도 개혁으로 나라를 안정시킨 소수림왕은 고구려의 ❸ ㅇ ㄱ 를 극복하고 강력한 고구려를 만듦.

2 회독 빈칸을 채우지 못했다면 다시 꼼꼼히 읽어요!

1 이 글에서 설명하는 대상으로 알맞은 것은 무엇인가요?   (   )

① 소수림왕의 개혁 정책

② 소수림왕의 가족 관계

③ 소수림왕이 왕이 된 과정

④ 소수림왕이 전쟁을 많이 한 까닭

⑤ 소수림왕이 고구려에서 가장 위대한 왕인 까닭

2 소수림왕에 대한 설명으로 알맞지 <u>않은</u> 것은 무엇인가요?   (   )

① 불교를 고구려의 정식 종교로 받아들였다.

② '왕은 곧 부처'라고 내세우면서 왕권을 강화하였다.

③ 학교를 세워 나라를 위해 일할 인재를 직접 길러 내었다.

④ 전쟁을 일으켜 고국원왕을 잃은 나라의 혼란을 잠재웠다.

⑤ 하나의 종교를 갖는 것이 백성들의 마음을 모으는 데 도움이 된다고 생
각하였다.

3 ㉠~㉤ 중에서 차례를 나타내는 말은 무엇인가요?   (   )

① ㉠   ② ㉡   ③ ㉢

④ ㉣   ⑤ ㉤

4 소수림왕의 개혁 정책을 차례대로 번호를 쓰세요.

> ① 율령을 반포하였다.
> ② 수도에 태학이라는 학교를 세웠다.
> ③ 불교를 나라의 정식 종교로 받아들였다.

(   ) ➡ (   ) ➡ (   )

5 이 글을 읽고 소수림왕이 살았을 때의 사회 모습을 짐작해 볼 때 알맞지 <u>않은</u> 것은 무언인가요? (   )

① 고구려는 중국의 문화를 받아들였다.

② 고구려와 백제는 전쟁을 자주 벌였다.

③ 율령이 반포되면서 통일된 법이 마침내 생겼다.

④ 소수림왕은 나라의 힘이 약해졌을 때 왕이 되었다.

⑤ 지방의 귀족들은 소수림왕을 적극적으로 지지하였다.

6 다음 대화에서 ㉠와 같은 생각을 가진 친구의 이름을 쓰세요.

> 보검: 나는 위기가 닥쳤을 때, 쉽게 겁을 먹고 위기를 회피할 방법을 먼저 생각해.
>
> 수지: 나는 위기가 닥쳤을 때, 위기를 극복하는 올바른 방법을 먼저 생각하는 편이야.

(   )

> 차례란 어떤 기준에 맞춰서 여럿을 하나씩 이어지게 순서대로 놓은 것이에요.

7 내가 아는 것 중에서 누군가에게 설명할 수 있는 것을 생각해 보고, 차례대로 정리해 써 보세요.

설명할 대상	
차례에 따른 정리	

13 글 속의 **높임 표현**

우리말은 높임 표현이 발달해 있어요. 높임 표현은 말하는 이가 듣는 사람이나 가리키는 대상을 높일 때 사용하는 것이에요. 높임 표현을 알면 글 속에서 사람들의 관계가 어떠한지, 글을 쓴 사람이 대상에게 어떤 태도를 지니는지 알 수 있어요.

✦높임 표현

- 높임의 뜻이 있는 낱말을 사용함. 예 할아버지 <u>진지</u> <u>드세요</u>.

- 문장을 끝맺는 말로 '-시-'와 '-어요', '해요'를 씀. 예 할아버지 언제 <u>오셨어요</u>?

- 사물이나 친구에게는 높임 표현을 사용하지 않음. 예 윤지야 잘 <u>잤어</u>?

확인 문제를 풀어 보며 개념을 익혀요.

1~4 다음 문장을 읽고 높임 표현이 알맞은 것에 ○표, 알맞지 <u>않은</u> 것에 ✕표 하세요.

1 할아버지 잘 자. (   )

2 선생님이 그렇게 말했어. (   )

3 엄마는 회사에 가셨다. (   )

4 할머니께 여쭈어 봐도 되나요? (   )

5~7 다음 문장에서 필요한 높임 표현이 무엇인지 알맞은 것을 찾아 선을 이으세요.

5 아빠 학교 다녀 왔어. •

6 아주머니 물어 볼 게 있어요. •

7 여울아 나랑 놀아 주실래요? •

① 높임의 뜻이 있는 낱말을 사용해야 한다.

② 문장을 끝맺는 말로 '-시-'와 '-어요', '해요'를 써야 한다.

③ 사물이나 친구에게는 높임 표현을 사용하지 않는다.

높임말 콩 사탕

1회독

- 이야기에서 일어난 일에 ◯
- 잘못된 높임 표현에 〜
- 인물의 마음이 드러난 부분에 [　]

"⊙할머니, 엄마가 밥 먹으래."

동준이는 조르르 안방에 있는 할머니에게로 달려갔어요. 오랜만에 할머니가 오셔서 엄마가 불고기랑 잡채를 잔뜩 만들었거든요. 하지만 동준이는 맛있는 저녁을 먹기도 전에 야단만 배부르게 먹고 말았어요. '할머니에게 높임말을 제대로 안 쓰면 어떻게 하냐!'고 아빠에게는 꾸중을 들었고요. '평소에도 높임말을 제대로 안 쓰더니 언제까지 그럴 거냐?'며 엄마에게는 잔소리를 들었어요. 그 바람에 동준이는 저녁 내내 풀*이 죽어 있었지요.

"아이고, 우리 동준이. 이 할미 때문에 야단맞아서 우짜누. 밥도 제대로 못 먹고."

할머니는 가방에서 부스럭부스럭 사탕을 하나 꺼내셨어요.

"자, 이건 이 할미가 어렵게 구한 마법의 콩 사탕이란다. 이걸 먹으면 높임말이 술술 나온다고 하더라. 그래서 '높임말 콩 사탕'이라더구나. 이걸 하나 주마."

동준이는 할머니가 준 사탕을 얼른 까서 입에 넣었어요. 높임말 콩 사탕이라는 걸 진짜 믿는 건 아니지만, 배가 고파 뭐든 먹고 싶었거든요.

그때였어요. 아빠가 동준이를 부르셨어요.

"동준아! 잠깐 와 보렴."

"네, 지금 갈게요."

동준이는 깜짝 놀랐어요. 평소 같으면 '응, 지금 가.'라고 했을 텐데, 높임말이 술술 나온 거예요. 놀란 건 동준이만이 아니었어요. 아빠도, 엄마도 깜짝 놀랐지요.

"그래, 그렇게 높임말 쓰니 얼마나 좋아! **기특하네***, 우리 동준이."

칭찬을 들은 동준이는 웃음이 났어요. 입안에 다디단 사탕만큼 기분도 달콤했지요. 그래서 높임말이 술술 나왔어요.

"아빠, 칭찬해 주셔서 고마워요."

그날 오후, 동준이는 아빠 몰래, 엄마 몰래 할머니에게 살짝 물었어요.

"할머니, 할머니. 저 높임말 콩 사탕 더 주시면 안 돼요? 네?"

● **풀** 세찬 기세나 활발한 기운.

● **기특**(奇 기이할 기, 特 특별할 특)**하다** 놀라우면서도 귀엽다.

그러자 할머니는 **벙긋** 웃기만 하셨지요. 그러고는 좀 전에 준 것과 똑같은 사탕을 한 주먹 꺼내셨어요.

사실 아까도 그냥 콩 사탕이었어.

네? 정말요?

"호호, 마법의 높임말 콩 사탕은 없지만, 그냥 콩 사탕은 아주 많단다. 사실 아까도 그냥 콩 사탕이었어."

"네? 정말요?"

할머니의 이야기에 동준이는 놀라 벌어진 입을 다물 수가 없었어요. 마법의 높임말 콩 사탕 없이 높임말을 한 게 믿어지지 않았거든요.

"우리 동준이가 혼자서 높임말을 하게 된 거란다. 그러니 앞으로도 문제없이 할 수 있을 거야. 암, 할 수 있고 말고!"

할머니는 동준이의 어깨를 다정하게 다독이며 '호호' 웃으셨어요.

● **벙긋** 입을 조금 크게 벌리며 소리 없이 가볍게 한 번 웃는 모양.

 **구조읽기** 빈칸에 알맞은 낱말을 써넣으며 내용을 정리해 보세요.

정답 및 해설 28쪽

할머니에게 ❶ | ㄴ | ㅇ | ㅁ | 을 안 쓴 동준이는 아빠에게 꾸중을, 엄마에게 잔소리를 들음.

↓

동준이는 할머니가 주신 마법의 '높임말 ❷ | ㅋ | ㅅ | ㅌ | '을 먹고 높임말을 잘하게 됨.

↓

'높임말 콩 사탕'을 더 달라던 동준이는 마법의 콩 사탕이 아니라 ❸ | ㄱ | ㄴ | 콩 사탕이었다는 사실을 알고 놀람.

2 회독 빈칸을 채우지 못했다면 다시 **꼼꼼히** 읽어요!

1 이 이야기에서 동준이가 부모님께 야단맞은 까닭은 무엇인가요?

(   )

① 반찬을 골고루 먹지 않아서

② 학교 숙제를 하지 않고 미루어서

③ 평소 핸드폰 게임을 너무 많이 해서

④ 할머니께 높임 표현을 사용하지 않아서

⑤ 할머니께서 오셨는데 늦게까지 일어나지 않아서

2 이 이야기의 내용으로 알맞은 것은 무엇인가요? (   )

① 동준이는 평소에 높임말을 잘 쓰는 편이었다.

② 동준이는 할머니가 준 사탕을 억지로 먹었다.

③ 할머니의 주머니에는 콩 사탕이 딱 한 개 있었다.

④ 아빠는 동준이가 높임말을 사용한 것을 믿지 않았다.

⑤ 할머니는 자신 때문에 야단맞은 동준이가 안쓰러웠다.

3 ㉠을 높임 표현을 고려하여 가장 적절하게 고쳐 쓴 것은 무엇인가요?

(   )

① 할머니, 밥 먹어.

② 할머니, 엄마가 진지 먹으래.

③ 할머니, 엄마께서 밥 먹으래.

④ 할머니, 엄마가 진지 드시래요.

⑤ 할머니, 엄마가 진지 먹으래요.

4 이 이야기를 읽고 알게 된 점을 알맞게 말한 친구의 이름을 쓰세요.

> 유찬: 한국어는 높임 표현이 있어서 사용하기 까다로우므로 굳이 높임법
> 을 쓸 필요가 없어.
>
> 하은: 어른에게 알맞은 높임 표현을 사용하면 존경의 마음을 드러낼 수
> 있다는 걸 깨달았어.

(   )

5 다음은 동준이의 마음의 변화가 일어나는 사건이에요. 동준이의 마음의 변화로 알맞은 것은 무엇인가요? (   )

| 아빠에게 꾸중을 듣고, 엄마에게는 잔소리를 들음. | ➡ | 아빠에게 칭찬을 들음. | ➡ | 할머니에게 높임말 콩 사탕의 비밀을 들음. |

① 부끄럽다. → 슬프다. → 기쁘다.
② 속상하다. → 기쁘다. → 놀랍다.
③ 민망하다. → 무섭다. → 불쾌하다.
④ 미안하다. → 황당하다. → 기쁘다.
⑤ 불쾌하다. → 원망스럽다. → 놀랍다.

> 높임 표현은 웃어른을 존경하는 마음이 담긴 표현이에요.

6 보기의 내용을 참고하여 웃어른의 생신을 축하하는 편지를 써 보세요.

┤ **보기** ├
• '생일'의 높임 표현은 '생신'이다.
• 문장을 끝맺는 말에 '-시-'를 넣거나 '-어요'나 '해요'를 쓴다.

사랑하는   께

                                        드림

14 옛이야기의 교훈

옛이야기는 예전부터 전해져 내려오는 이야기로 실제로 일어났던 사건, 사람들이 지어낸 일 등이 섞여 있어요. 옛이야기를 읽을 때는 겉으로 드러난 내용만 이해하지 말고, 그 안에 담겨 있는 교훈이 무엇인지 생각해 보아요.

✦옛이야기 재미있고 신비한 내용을 주로 담고 있고, 교훈적인 이야기가 많음.

✦옛이야기의 교훈

- 이전에 살았던 사람들이 경험을 통해 얻은 삶의 지혜를 후손에게 가르치려는 의도를 담고 있음.
- 주로 착한 일을 하는 사람은 행복하게 되고, 못된 일을 하는 사람은 벌을 받게 된다는 내용을 담고 있음.

확인 문제를 풀어 보며 개념을 익혀요.

1~2 다음 옛이야기에 담긴 교훈을 알맞게 이야기한 것에 ○표 하세요

결승선에 가까워진 토끼는 나무 그늘에 누워 잠을 잤습니다. 그 사이 거북이는 토끼를 지나쳐 결승선에 먼저 도착하였습니다.

(1) 능력이 뛰어나다고 방심해서는 안 된다는 것을 깨달았어.　(　　　　　)

(2) 있는 그대로의 자신을 인정하고 사랑해야 한다는 것을 깨달았어.

(　　　　　)

마음씨 착한 혹부리 영감이 아름다운 노래를 불렀습니다. 도깨비들은 노래가 혹에서 나온다고 생각하고 혹을 떼어 갔습니다. 한편 욕심쟁이 혹부리 영감의 거짓말을 알아챈 도깨비들은 다른 볼에 혹을 하나 더 붙여줬습니다.

(1) 자신의 이익을 위해서는 거짓말을 해도 괜찮다는 것을 깨달았어.

(　　　　　)

(2) 너무 욕심을 부리다가는 오히려 손해를 볼 수 있다는 것을 깨달았어.

(　　　　　)

떡 자루와 돈 자루

　옛날에 돈 많은 부자 양반과 그 집에 머슴 사는 총각이 있었어. 부자는 돈 모으는 걸 낙으로 삼고 커다란 자루에 돈을 넣어 두고 **허구한** 날 돈만 들여다보고 살았지. 돈 자루에 돈이 점점 불어가는 것을 낙으로 삼고 입만 떨어지면 '돈, 돈' 하고 눈만 떨어지면 돈 자루부터 찾고, 행여 누가 훔쳐갈세라 잘 때도 돈 자루를 베고 자고, 이러면서 살았지.

　이렇게 '돈, 돈' 하면서 사니까 자연히 **인색할** 수밖에 없지. 한 푼이라도 아끼려고 별의별 짓을 다 해. 머슴에게 밥을 준다는 것이 쌀이 아까우니까 강냉이로 떡을 만들어 주는데, 그것도 많이나 주나. 하루에 딱 세 개, 아침에 하나 점심에 하나 저녁에 하나씩 주고 말지. 더러 머슴이 몸이 아파서 일을 못 하는 날에는 그나마 안 줘.

　이러니 머슴은 강냉이떡에 목을 매고 그저 그것 아니면 죽는 줄 알고 살았지. 부자가 돈 모으는 것처럼 강냉이떡을 모으는데, 끼니때마다 떡 부스러기 떨어지는 것을 주워서 볕에 바짝 말려 자루에다 넣어 뒀어. 부자가 그러는 것처럼 잘 때도 떡 자루를 끼고 자고, 눈만 떨어지면 떡 자루를 들여다보면서 자루에 떡 부스러기가 점점 모이는 걸 낙으로 삼고 살았지.

　부자는 머슴이 떡 부스러기를 모으는 것을 보고 **박장대소**를 하면서 비웃기를,

　"이 어리석은 놈아, 그깟 떡 부스러기를 모아서 어디에 쓰겠다는 거냐? 그것 한 자루 다 채워야 돈 한 푼만 하겠느냐?"

하지. 그러나 마나 머슴은 떡 부스러기를 모아서 한 자루를 다 채웠어.

　그런데 그해 여름에 비가 참 많이 왔어. 많이 와도 이만저만 온 게 아니고 아주 하늘에 구멍이 뚫린 것처럼 왔어. 한 달 **이레**를 내리 비가 쏟아붓는데, 처음에는 논밭이 물에 잠기더니 다음에는 길이 잠기고 그다음에는 집이 물에 잠겼어. 이렇게 되니 온 동네 사람들이 산꼭대기로 피난을 갔지. 물을 피해 산으로 올라가는 사람이 집을 떼메고 갈 수가 있나? 집집마다 제일 귀한 것 하나씩만 메고 지고 갔지. 부자와 머슴도 피난을 갔는데, 부자는 돈 자루가 제일 귀하니까 돈 자루를 짊어지고 가고, 머슴은 떡 자루가 제일 귀하니까 떡 자루를 짊어지고 갔어.

● **허구**(許 허락할 허, 久 오랠 구)**하다** 날·시간·세월 등이 매우 오래이다.

● **인색**(吝 아낄 인, 嗇 아낄 색)**하다** 재물을 지나칠 정도로 아끼다.

● **박장대소**(拍 손뼉 칠 박, 掌 손바닥 장, 大 큰 대, 笑 웃을 소) 손뼉을 치며 크게 웃음.

● **이레** 일곱 날.

산꼭대기에 올라가서 자리를 잡고 앉았는데, 하루 이틀이 지나도 물이 줄어들 **기미**°가 안 보여. 사흘 나흘이 지나도 그대로야. 그러니 당장 급한 게 먹을 것이지.

(중략)

부자가 돈 자루를 통째로 머슴에게 갖다 안기면서 싹싹 빌었어.

㉠"아이고, 애야. 이 돈 자루 다 줄 테니 제발 그 떡 부스러기 한 줌만 다오."

그제야 머슴이 못 이기는 척 돈 자루를 받고 떡 부스러기를 집어 주더래. 부자는 애지중지하던 돈 자루를, 제 입으로 돈 한 푼보다 못하다고 한 떡 부스러기 한 줌하고 바꾼 셈이지.

• **기미**(幾 기미 기, 微 작을 미)
낌새나 눈치, 또는 그러한 느낌을 주는 작은 표시.

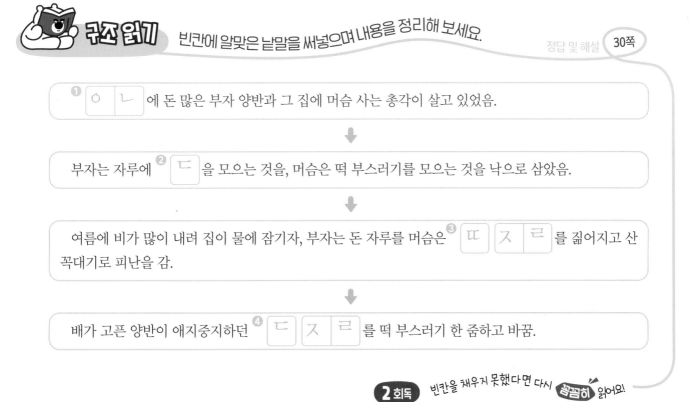

구조읽기 빈칸에 알맞은 낱말을 써넣으며 내용을 정리해 보세요.

정답 및 해설 (30쪽)

① ㅇ ㄴ 에 돈 많은 부자 양반과 그 집에 머슴 사는 총각이 살고 있었음.

⬇

부자는 자루에 ② ㄷ 을 모으는 것을, 머슴은 떡 부스러기를 모으는 것을 낙으로 삼았음.

⬇

여름에 비가 많이 내려 집이 물에 잠기자, 부자는 돈 자루를 머슴은 ③ ㄸ ㅈ ㄹ 를 짊어지고 산꼭대기로 피난을 감.

⬇

배가 고픈 양반이 애지중지하던 ④ ㄷ ㅈ ㄹ 를 떡 부스러기 한 줌하고 바꿈.

2회독 빈칸을 채우지 못했다면 다시 꼼꼼히 읽어요!

1 부자와 머슴에 대한 설명으로 알맞은 것에 ○표 하세요.

(1) 부자는 돈 모으는 것을 낙으로 삼고 살았다.   (   )

(2) 부자는 머슴에게 밥을 줄 때 아끼지 않았다.   (   )

(3) 머슴은 피난 온 사람들에게 떡 자루를 자랑하였다.   (   )

(4) 머슴이 가지고 있는 것 중 제일 귀한 것은 돈 자루이다.   (   )

2 부자는 돈 자루를 무엇과 바꾸었나요?   (   )

① 쌀   ② 집   ③ 논밭

④ 강냉이   ⑤ 떡 부스러기

3 이 이야기를 읽고 부자의 행동에 대해 바르게 이야기한 것에 ○표 하세요.

(1) 언제 닥칠지 모르는 어려움을 위해 돈 자루를 준비하는 것을 보니 참
    지혜로운 사람 같아.   (   )

(2) 다른 사람과 나누려고 하지 않고 욕심만 부리다가 돈 자루를 모두 잃은
    걸 보니 어리석은 사람 같아.   (   )

4 이 이야기를 읽고 나눈 친구들의 대화로 알맞지 <u>않은</u> 것은 무엇인가요?

(   )

① 민지: 나도 머슴처럼 작은 것도 소중히 여겨야겠어.

② 혜인: 부자가 머슴에게 떡을 만들어 주다니 감동을 받았어.

③ 하니: 부자는 머슴의 떡 자루를 하찮은 것이라 여겼을 거야.

④ 해린: 다른 사람에게 인색하게 행동하면 안 된다는 교훈을 얻었어.

⑤ 희진: 부자는 머슴에게 떡 부스러기를 달라고 할 줄은 몰랐을 거야.

5 ㉠에 나타난 부자의 마음으로 알맞은 것은 무엇인가요? (   )

① 간절한 마음　　　② 설레는 마음　　　③ 미워하는 마음
④ 축하하는 마음　　　⑤ 감사하는 마음

6 머슴이 떡 부스러기를 달라고 말하는 부자를 보고 했을 생각으로 알맞은 것의 번호를 쓰세요.

> ① 떡을 맛보고 싶은 모양이군.
> ② 이번 기회에 큰돈을 벌어 보자.
> ③ 불쌍한 부자를 도와주어야겠어.
> ④ 돈만 알더니 나눔의 소중함을 깨달았군.

(   )

> 옛이야기에 담겨 있는 교훈을 생각하며, 구체적인 상황을 표현해 보세요.

7 홍수가 끝나고 다시 마을로 내려온 부자와 머슴은 어떻게 되었을지 뒷이야기를 상상하여 써 보세요.

_____

_____

_____

_____

_____

15 독서 감상문의 특징

독서 감상문은 읽은 책에 대한 글쓴이의 생각과 느낌이 들어 있어요. 따라서 독서 감상문을 읽으면 자신이 읽을 책에 대하여 다양한 정보를 얻을 수 있고, 자신의 독서 경험을 넓힐 수 있어요.

✦**독서 감상문** 책을 읽고 나서 새롭게 알게 된 것이나 가장 기억에 남는 장면, 마음속에 남는 느낌 같은 것을 적은 글.

처음	가운데	끝
책을 읽게 된 까닭이 나타남.	책의 내용, 인상에 남는 부분 등이 나타남.	책을 읽고 난 뒤, 생각이나 느낌 등이 나타남.

확인 문제를 풀어 보며 개념을 익혀요.

1~4 다음 글이 독서 감상문의 어떤 내용에 해당하는지 보기에서 골라 번호를 쓰세요.

┤ **보기** ├
① 책을 읽게 된 까닭   ② 책 내용
③ 인상에 남는 부분   ④ 책을 읽고 생각한 점

1
　'바삭바삭'이라는 제목과 갈매기가 과자를 먹는 표지의 그림이 재미있어서 이 책을 읽게 되었다.

(   )

2
　갈매기가 바삭바삭한 과자를 처음 먹는 장면이 가장 기억에 남는다. 마치 내가 과자를 먹고 맛있어서 깜짝 놀란 것과 비슷하였다.

(   )

3
　사실 나도 바삭바삭한 과자처럼 몸에 안 좋은 음식을 좋아한다. 그런 음식들을 계속 먹으면 육지의 갈매기들처럼 건강이 안 좋아질 것 같다. 이제부터라도 몸에 좋은 건강한 음식을 먹어야겠다.

(   )

4
　처음 과자를 먹어 본 갈매기는 큰 배를 따라 육지로 가게 된다. 그곳에서 좁고 더러운 곳에서 살며 제대로 날지도 못하는 갈매기들을 보게 된다. 갈매기는 무언가 잘못되었다는 것을 깨닫고 다시 자유롭던 큰 바위섬으로 돌아간다.

(   )

5 독서 감상문을 읽으면 좋은 점으로 알맞은 것에 ○표 하세요.

(1) 책에 대한 다양한 정보를 얻을 수 있다. (   )

(2) 책에 대한 글쓴이의 생각과 느낌을 알 수 있다. (   )

정의로운 법이란 무엇일까?

1회독

📖 책을 읽게 된
까닭에 ○

📖 책에서 중요한
장면에 〰

📖 책을 읽고 생각
한점에 [ ]

새 학기가 시작되고 얼마 되지 않았을 때였다. 선생님은 우리 초롱 반의 '법'을 만들자고 하셨다. 나는 선생님에게 법이 무엇이냐고 여쭤보았다. 선생님은 법이란, '사람들이 안전하게 살기 위해 모두가 그렇게 하기로 정해 놓은 약속'이라고 하셨다. 아이들은 너도나도 법을 내놓았다. 도준이는 수업 대신 게임을 하자고 했고, 지성이는 숙제 당번이 모든 숙제를 다 하자고 했다. 그러자 선생님은 법에서 가장 중요한 한 가지가 '**정의**˚'라고 하셨다. 정의롭지 않다면, 법이 될 수 없다는 뜻이었다. ㉠나는 정의로운 법이 무엇인지 궁금했다. 마침 도서관에서 『간디의 법 교실』이라는 책이 눈에 들어와서 읽게 되었다.

주인공 강준이는 교내 영화 동아리 '야야 시네마'의 회장이다. 강준이는 동아리를 자기 것이라고 생각한다. 그래서 제멋대로 동아리 회칙을 만든다. 동아리 회원들은 강준이의 이런 행동에 불만을 터뜨리고, 결국 탈퇴하겠다며 나가 버린다. 친구들을 쫓아 밖으로 나가던 강준이는 과거 인도로 시간 여행을 떠나게 된다. 그곳에서 만난 간디는 강준이에게 '소금법'에 대해 이야기해 준다. 소금법은 당시 인도를 지배하고 있었던 영국 정부가 만든 법이다. 소금법 때문에 인도 사람들은 소금을 만들 수 없고, 영국에서 수입해 오는 소금을 비싼 값으로 살 수밖에 없었다. 간디와 인도 사람들은 이 법에 반대하기 위해 소금 행진을 한다. 결국 간디 일행은 390킬로미터를 걸어 바닷가에 도착해 소금을 얻는다. 시간 여행을 통해 강준이는 법이 **공평하고**˚ 올바르게 만들어져야 함을 깨닫게 된다. 현실로 돌아온 강준이는 동아리 회원들에게 예전의 자기 잘못을 사과한다. 그리고 다 함께 평등하고 올바른 회칙을 정하자고 제안한다.

- **정의**(正 바를 정, 義 옳을 의) 진리에 맞는 올바른 도리.
- **공평**(公 공변될 공, 平 평평할 평)**하다** 어느 한쪽에 치우치지 않고 모든 사람에게 고르다.

책에서 가장 인상 깊었던 부분은 ㉡간디와 인도 사람들이 소금 행진하는 부분이었다. 끝까지 폭력을 쓰지 않고 평화롭게 행진하는 모습이 참 대단했다. 마지막에 온갖 **고난**˚을 이겨 내고 마침내 소금을 얻는 장면에서 코끝이 찡했다.

ⓒ이 책을 읽고 정의로운 법은 모두가 함께 만들고, 모두에게 이로운 법이라고 생각했다. '평등'이라는 두 글자가 머릿속에 떠올랐다. 법은 절대 누군가의 이익을 위해 만들어져서는 안 된다. 힘이 센 사람 때문에 힘이 약한 사람이 희생당한다면 그건 나쁜 법이다. 그리고 나쁜 법이 있다면 간디와 인도 사람들처럼 여럿이 힘을 합쳐 올바른 방법으로 법을 고쳐야 한다. 법을 만드는 일, 나아가 나쁜 법을 올바른 법으로 바꾸는 일은 모두가 **동의해야**˚ 한다.

- **고난**(苦 괴로울 고, 難 어려울 난) 매우 괴롭고 어려운 것.
- **동의**(同 같을 동, 意 뜻 의)**하다** 남과 의견이 같거나, 그 의견에 찬성하다.

 **구조 읽기** 빈칸에 알맞은 낱말을 써넣으며 내용을 정리해 보세요.

정답 및 해설 (32쪽)

책을 읽게 된 ❶ [ㄲ] [ㄷ]

정의로운 법이 무엇인지 궁금했는데 도서관에서 『간디의 법 교실』이라는 책이 눈에 들어옴.

책 내용

제멋대로 동아리 회칙을 만든 강준이가 과거의 인도로 가서 ❷ [ㄱ] [ㄷ] 를 만난 후, 자기 잘못을 깨닫고 올바른 회칙을 정하자고 제안함.

인상에 남는 부분

간디와 인도 사람들이 온갖 고난을 이겨 내고 ❸ [ㅅ] [ㄱ] 행진을 하여 마침내 원하는 것을 얻는 장면이 가장 인상 깊음.

책을 읽고 생각한 점

모두가 함께 만들고, 모두에게 이로운 법이 ❹ [ㅈ] [ㅇ] 로운 법이라고 생각하게 됨.

2 회독 빈칸을 채우지 못했다면 다시 꼼꼼히 읽어요!

1 이 글을 쓴 목적으로 알맞은 것에 ○표 하세요.

(1) 책을 읽을 때 유의 사항을 정리하려고 쓴 글이다. (　　　　)

(2) 책을 읽은 경험과 자기 생각을 정리하려고 쓴 글이다. (　　　　)

2 이 글에 나타난 우리 반의 모습으로 알맞은 것은 무엇인가요? (　　　　)

① '나'는 수업 대신에 게임을 하자는 법을 내놓았다.

② 선생님은 법에서 가장 중요한 것 중 하나가 '정의'라고 생각한다.

③ 선생님은 법과 관련한 책을 읽고 독서 감상문을 써 오라고 하셨다.

④ 새학기가 시작되고 '나'의 제안으로 우리 반의 법을 정하게 되었다.

⑤ 아이들은 법이 무엇인지 몰라 아무도 우리 반의 법을 내놓지 못했다.

3 ㉠~㉢이 독서 감상문의 내용 중 무엇에 해당하는지 알맞은 것을 찾아 선을 이으세요.

(1) ㉠ •

(2) ㉡ •

(3) ㉢ •

• ① 인상에 남는 부분

• ② 책을 읽게 된 까닭

• ③ 책을 읽고 생각한 점

4 글쓴이가 읽은 책에서 일이 일어난 차례대로 번호를 쓰세요.

① 강준이는 제멋대로 동아리 회칙을 정한다.

② 강준이는 과거 인도로 시간 여행을 가서 간디를 만난다.

③ 강준이는 동아리 회원들에게 다시 회칙을 정하자고 말한다.

④ 간디와 인도 사람들은 소금법에 반대하기 위해 행진한다.

⑤ 강준이는 법이 공평하고 올바르게 만들어져야 함을 깨닫는다.

(　　) ➡ (　　) ➡ (　　) ➡ (　　) ➡ (　　)

5 글쓴이가 이 글을 쓰며 한 생각으로 알맞지 <u>않은</u> 것은 무엇인가요?

(   )

① 『간디의 법 교실』을 읽고 새로 알게 된 점과 깨달은 점을 독서 감상문으로 써야지.

② 『간디의 법 교실』을 읽게 된 까닭이 잘 드러나도록 독서 감상문의 제목을 정해야겠어.

③ 주인공 강준이가 시간 여행을 가서 간디 일행과 소금 행진하는 내용을 요약해서 담아야겠어.

④ 나쁜 법이 있다면 여럿이 힘을 합쳐 올바른 방법으로 법을 고쳐야 한다는 깨달음도 쓰는 게 좋겠어.

⑤ 과거 인도로 시간 여행을 떠나는 강준이에 대한 부러움이 드러나도록 인상 깊은 장면을 골라야겠어.

독서 감상문을 쓰면 읽은 책을 더 깊이 이해할 수 있어요.

6 가장 기억에 남는 책을 떠올리며 독서 감상문을 써 보세요.

• 제목:

• 책을 읽게 된 까닭:

• 책 내용:

• 책을 읽고 생각한 점:

4주차 에서 우리는

16 이야기에 쓰인 의인법

 **개념 사전**

이야기에서는 사람이 아닌 것을 사람처럼 표현하는 의인법이 쓰여요. 이런 표현은 이야기에 생동감과 재미를 불어넣어 줘요. 이야기에서 의인법을 찾아보고, 이야기의 재미를 느껴 보아요.

✦ **의인법** 사람이 아닌 것을 사람처럼 말하고 느끼고 행동하는 것으로 표현한 것.

　　⑩ 나비가 환호성을 질렀다. / 참새가 아침 인사를 건넨다.

✦ **의인법의 효과** 읽는 이가 대상을 더 재미있고 친근하게 느낄 수 있음.

확인 문제를 풀어 보며 개념을 익혀요.

1~3 다음 문장에서 의인법이 사용된 것에 ○표, 사용되지 <u>않은</u> 것에 ×표 하세요.

1 봄비가 내리면 꽃씨가 땅속에 살짝 돌아누우며 눈을 뜬다. (   )

2 강우는 시험을 망치고 엄마께 꾸중을 들어 속상하고 슬펐다. (   )

3 나무 그늘 아래에서 참새가 드르렁드르렁 코를 골며 자고 있었다.

(   )

4~6 다음 문장에서 사용된 표현으로 알맞은 것을 찾아 선을 이으세요.

4 추운 겨울날, 귀가 얼어서 툭 건드리면 쨍그랑 깨져 버릴 것 같았다.

① 의인법

5 민경이는 떡볶이가 너무 매워서 콧물을 줄줄, 눈물을 주룩주룩 흘렸다.

② 감각적 표현

6 아기별이 하늘에서 내려와 바닷가에 핀 아름다운 꽃과 만나 즐겁게 놀았다.

책 먹는 여우의 봄 이야기

글 프란치스카 비어만

1회독

- 🗨️ 이야기 속 등장 인물에 ○
- 🗨️ 동물이 사람처럼 말하고 행동하는 부분에 〰️
- 🗨️ 이야기에서 일어난 일에 [　　]

여우 아저씨는 머리를 긁적이다가 오른쪽 귀를 조몰락거렸어요. 지난겨울 내내 종이에 옮겨 놓은 글을 다시 한번 천천히 읽어 보는 중이었어요.

"좋아! 쩝쩝……."

경주, 세계 일주 여행, **추격전**˚이 벌어지는 흥미진진한 이야기였어요. ㉠여우 아저씨는 이 이야기가 마음에 쏙 들었어요. 마지막 부분에 뭔가 **기발한**˚ **결말**˚이 없다는 것 말고는요.

여우 아저씨의 친구이자 출판사 사장인 ㉡빛나리 씨가 여우 아저씨에게 전화를 걸고 있었어요. 빛나리 씨는 여우 아저씨가 쓴 이야기들을, 서점에서 사거나 도서관에서 빌릴 수 있는 책으로 만들지요. 새 책을 언제 완성할 건지 물어보려고 벌써 열다섯 번도 넘게 전화를 걸고 있어요. 사람들이 일 년 넘게 여우 아저씨의 새 책을 기다리고 있거든요. 정말 더는 미룰 수 없었어요.

"잠깐 좀 쉴까!"

㉮여우 아저씨는 혼잣말을 하며 씩 웃었어요.

'산책 삼아 길모퉁이 서점에 한번 가 볼까. 그럼 기분이 좋아질 거야. 봄 공기를 느끼고 맛있는 새 책을 보면 기적처럼 좋은 생각이 떠오를지도 몰라.'

(중략)

여우 아저씨는 그렇게 새로 나온 책 다섯 권을 사서 기분 좋게 길모퉁이 서점을 나왔어요. 봄 햇살이 내리쬐는 아주 맑은 날이었어요.

날씨가 너무 좋아서 여우 아저씨는 잠시 숲에서 쉬기로 했어요. 오늘 새로 산 '신선한 책'을 몇 쪽이라도 얼른 맛보고 싶었어요.

숲속 빈터에 햇빛이 적당히 비치는 나무 그루터기가 보였어요. 책을 먹기에 딱 좋은 완벽한 '의자'였어요.

㉢여우 아저씨는 벌써 군침이 돌았어요. 책 속에 주둥이를 깊이 넣을 생각에, 그 의자에 이미 누군가 자리를 잡았다는 걸 눈치채지 못했어요.

그 의자에는 조그만 분홍색 곤충 한 마리가 먼저 와 있었어요. 열심히 몸단장을 하는 중이었지요. 그러다가 자신에게 드리워지는 여우 아저씨

- **추격전**(追 쫓을 추, 擊 부딪칠 격, 戰 싸울 전) 도망가는 적을 뒤쫓으며 하는 싸움.
- **기발**(奇 기이할 기, 拔 뺄 발)**하다** 매우 놀랍게 재치가 있고 생각이 뛰어나다.
- **결말**(結 맺을 결, 末 끝 말) 어떤 일이 마무리되는 끝.

의 엉덩이 그림자를 보고 깜짝 놀랐어요.

ⓔ분홍색 곤충은 가까스로 몸을 피했어요. 하지만 여우 아저씨의 조심성 없는 행동 때문에 단단히 화가 났어요. ⓜ그래서 자신이 얼마나 화가 났는지 여우 아저씨에게 톡톡히 보여 주기로 했어요.

분홍색 곤충의 **성난**˚ 침이 엉덩이에 꽂히자마자 여우 아저씨의 비명 소리가 온 숲에 쩌렁쩌렁 울렸어요.

"아우우우우우우우우!!"

불쌍한 여우 아저씨는 눈앞이 온통 깜깜…… 아니, 분홍빛으로 변했어요.

● **성나다** 몹시 화가 나다.

빈칸에 알맞은 낱말을 써넣으며 내용을 정리해 보세요.

정답 및 해설 **34쪽**

여우 아저씨는 자기가 쓴 흥미진진한 이야기가 마음에 쏙 들었지만, 기발한 ❶ ㄱ ㅁ 이 없는 것이 아쉬웠음.

⬇

여우 아저씨는 기적처럼 좋은 생각이 떠오를지도 모른다는 기대를 안고 ❷ ㅅ ㅈ 에 가서 신선한 책 다섯 권을 삼.

⬇

여우 아저씨는 ❸ ㅊ 을 먹기 위해 숲속 의자에 앉으려다가 분홍색 곤충 한 마리를 보지 못함.

⬇

화가 난 ❹ ㅂ ㅎ ㅅ 곤충은 여우 아저씨의 엉덩이에 침을 꽂음.

2 회독 빈칸을 채우지 못했다면 다시 꼼꼼히 읽어요!

1 이 이야기에서 중심이 되는 인물은 누구인지 번호를 쓰세요.

> ① 빛나리 씨　　　　② 여우 아저씨　　　　③ 분홍색 곤충

(　　　　　　　　)

2 여우 아저씨가 길모퉁이서점에 간 까닭은 무엇인가요? (　　　)

① 새 책을 맛보기 위해서
② 빛나리 씨를 만나기 위해서
③ 빛나리 씨의 전화를 안 받기 위해서
④ 새 책을 사람들에게 소개하기 위해서
⑤ 분홍색 곤충에게 줄 선물을 사기 위해서

3 ㉠~㉢ 중 의인법을 사용하지 <u>않은</u> 것은 무엇인가요? (　　　)

① ㉠　　　　　　　② ㉡　　　　　　　③ ㉢
④ ㉣　　　　　　　⑤ ㉤

4 ㉮를 통해 알 수 있는 의인법의 효과로 알맞은 말을 골라 ○표 하세요.

> '여우 아저씨는 혼잣말을 하며 씩 웃었어요.'는 여우를 (사람처럼, 동물처럼) 표현하여, 말을 하고 행동하는 것처럼 (재미있고, 사실적으로) 친숙하게 표현하였다.

5 이 이야기를 읽고 쓴 감상문의 내용으로 알맞지 <u>않은</u> 것의 번호를 쓰세요.

> ① 따뜻한 봄날, 여우 아저씨가 새 책을 보려고 길모퉁이 서점에 간다. ② 조심성이 없는 여우 아저씨는 숲속 의자에 앉으려다가 분홍색 곤충에게 엉덩이를 쏘이는 것이 주요 내용이 된다. ③ 여우 아저씨가 새 책을 신선하다고 하면서 얼른 먹고 싶다고 한 것은 정말 기발하다. ④ 하지만 사납고 위험한 여우를 착한 동물처럼 느껴지도록 하면 안 될 것 같다.

(   )

6 이 이야기를 읽고 알맞은 반응을 보인 친구에 ○표 하세요.

(1) 아무 잘못도 없는 여우 아저씨를 쏜 분홍색 벌레에게 화가 나.

(   )

(2) 빛나리 씨 때문에 분홍색 벌레에게 쏘인 여우 아저씨가 가엾게 느껴져.

(   )

(3) 여우 아저씨의 눈앞이 온통 분홍빛으로 변했다니, 여우 아저씨에게 특별한 일이 일어날 것만 같아.

(   )

> 동물이 사람처럼 말하고 행동한다고 상상하면 쉽게 꾸며 쓸 수 있어요.

7 다음 동물을 보고 의인법을 사용하여 글을 써 보세요.

17 의견과 이유

주장하는 글에는 글쓴이의 생각이 담긴 의견이 드러나 있어요. 주장하는 글을 읽을 때는 글쓴이가 주제에 대해 적절한 의견을 제시하고 있는지, 이유로 제시한 근거들이 설득력이 있는지 살펴보아야 해요.

✦의견

- 어떤 일이나 대상에 대한 자신의 생각을 표현하는 것으로 사람에 따라 다름.
- 의견을 밝힐 때는 의견을 말한 이유도 제시해야 함.

✦이유

- 의견을 나타낼 때 근거가 되는 것. 의견을 뒷받침해 줌.
- 의견을 주장할 때 그 이유가 적절해야 나의 주장으로 다른 사람을 설득할 수 있음.

확인 문제를 풀어 보며 개념을 익혀요.

1~4 다음 문장을 읽고 의견과 이유 중 알맞은 것에 ○표 하세요.

1 길거리에 쓰레기통을 설치해야 한다.

의견 이유

2 길거리에 쓰레기통을 설치하면 안 된다.

의견 이유

3 사람들이 편리하게 쓰레기를 버릴 수 있다.

의견 이유

4 길거리에 쓰레기통이 있으면 보기에 좋지 않다.

의견 이유

5~6 다음 의견에 어울리는 이유를 찾아 선으로 이으세요.

5 동물원은 있어야 한다. •

• ① 멸종 위기 동물을 보호할 수 있다.

6 동물원은 없애야 한다. •

• ② 동물이 신체적·정신적으로 고통을 받는다.

지하철에 의자가 없다고?

1회독

🗨 글의 중심 글감에 ◯

🗨 '의자 없는 지하철'에 대한 의견과 이유에 〰

🗨 글쓴이의 의도가 드러난 문장에 [　]

지하철에 의자가 없다면 어떨까요? 2024년 서울 지하철 4호선과 7호선이 '의자 없는 지하철'을 **시범**˚으로 시작했어요. 4호선과 7호선의 열차 한 칸에서 노약자석을 제외한 나머지 의자를 없앤 것이에요. 의자를 없앤 이유는 ㉠출퇴근 시간에 사람들로 **혼잡한**˚ 지하철 문제를 해결하기 위해서라고 해요.

서울교통공사는 '의자 없는 지하철'의 효과가 나타나면, 의자를 없앤 칸을 더 늘리겠다고 하였어요. 일부 사람들은 '의자 없는 지하철'을 찬성하고 있어요. 하지만 이에 대해 반대하는 사람들도 있어요. 찬성하는 사람들의 의견과 반대하는 사람들의 의견이 무엇인지 알아보아요.

👣 '의자 없는 지하철'을 찬성하는 사람들

첫째, 혼잡함이 줄어들어요. 출퇴근 시간에는 지하철이 사람들로 붐벼요. 승객들이 평소보다 두 배 이상 몰리기 때문이에요. 지하철 의자를 없애면, 의자의 공간만큼 사람이 탈 수 있는 공간이 생겨요. 그래서 더 많은 사람이 지하철을 이용할 수 있어 혼잡함이 줄어들어요.

둘째, 안전상의 문제가 없어요. '의자 없는 지하철'에는 사람들이 잡을 수 있는 지지대나 손잡이가 많이 설치되어 있어요. 그래서 서서 가는 사람들이 넘어져서 다칠 위험이 줄어들어요.

셋째, 교통 **약자**˚를 배려할 수 있어요. 휠체어를 사용하는 장애인이나 유모차를 끄는 사람들은 의자가 없는 것이 오히려 편리할 수 있어요. 공간이 넓어진 만큼 휠체어나 유모차를 세워 놓을 수 있는 충분한 공간이 마련되기 때문이에요.

넷째, 한 칸만 의자가 없으니 큰 불편함이 없어요. 한 칸을 제외한 나머

● **시범**(示 보일 시, 範 법 범) 어떤 일을 정식으로 하기 전에 그 일의 본보기를 보이는 것.

● **혼잡**(混 섞을 혼, 雜 섞일 잡)**하다** 여러 가지가 질서 없이 뒤섞여 복잡하다.

● **약자**(弱 약할 약, 者 사람 자) 남보다 힘이나 권력이 약한 사람.

지 칸에는 기존처럼 의자가 마련되어 있어요. 그래서 의자에 앉아서 지하철을 이용하고 싶다면 다른 칸을 이용하면 돼요.

👆 '의자 없는 지하철'을 반대하는 사람들

첫째, 지하철이 더 혼잡해져요. 지하철에 의자가 없다면, 더 많은 사람이 지하철을 타려고 몰릴 수 있어요. 그래서 열차 안은 사람들이 빽빽하게 들어차서 더욱 혼잡해질 거예요.

둘째, **안전사고**˚의 위험성이 커져요. 사람들이 빽빽하게 서 있으면, 안전한 거리를 **유지하기**˚ 어려워요. 만약 한 명이 중심을 잃고 넘어지면 여러 사람이 한꺼번에 쓰러질 수 있어요. 자칫 생명과 관련된 큰 사고로 이어질 수 있어요.

셋째, 교통 약자가 이용하기 어려워요. 몸이 불편하거나 몸집이 작은 사람들은 서 있다 보면 이리저리 휩쓸리기 쉬워요. 교통 약자는 출퇴근 시간에 지하철을 이용하기 더욱 힘들어질 수밖에 없어요.

넷째, '유령 칸'이 될 수 있어요. 사람들이 출퇴근 시간 이외에는 의자 없는 칸의 사용을 꺼릴 수 있어요. 그러면 사람이 없어 텅 비어 있을 수밖에 없어요.

이렇게 '의자 없는 지하철'에 대한 찬성과 반대의 의견이 뜨거운 만큼, 의자 없는 칸을 늘리는 것에 대한 충분한 **논의**˚가 이루어져야 할 것이에요.

* **안전사고**(安 편안할 안, 全 온전할 전, 事 일 사, 故 옛 고) 주의를 잘하지 못해 일어나는 사고.
* **유지**(維 바 유, 持 가질 지)**하다** 어떤 상태나 현상을 그대로 이어 가거나 계속하는 것.
* **논의**(論 논의할 논, 議 의논할 의) 서로 의견을 말하고 토론하는 것.

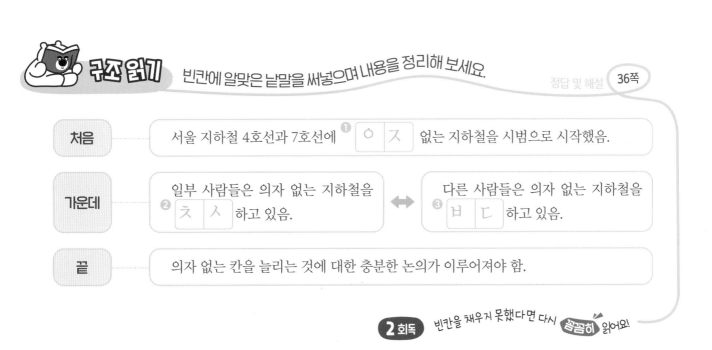

구조 읽기 빈칸에 알맞은 낱말을 써넣으며 내용을 정리해 보세요.

정답 및 해설 (36쪽)

| 처음 | 서울 지하철 4호선과 7호선에 ❶ [ㅇ ㅈ] 없는 지하철을 시범으로 시작했음. |

| 가운데 | 일부 사람들은 의자 없는 지하철을 ❷ [ㅊ ㅅ] 하고 있음. ↔ 다른 사람들은 의자 없는 지하철을 ❸ [ㅂ ㄷ] 하고 있음. |

| 끝 | 의자 없는 칸을 늘리는 것에 대한 충분한 논의가 이루어져야 함. |

2 회독 빈칸을 채우지 못했다면 다시 꼼꼼히 읽어요!

1 이 글에서 말하고자 하는 중심 내용으로 알맞은 것에 ○표 하세요.

(1) '의자 없는 지하철'로 인한 여러 문제 (   )

(2) '의자 없는 지하철'의 실제 해외 사례 (   )

(3) '의자 없는 지하철'에 대한 찬반 의견 (   )

2 '의자 없는 지하철'에 대한 설명으로 알맞지 <u>않은</u> 것은 무엇인가요?

(   )

① 열차 한 칸의 의자를 전부 없앤 것이다.

② 4호선과 7호선에서 시범으로 시작하였다.

③ 지하철 혼잡 문제를 해결하기 위한 것이다.

④ 노약자석을 제외한 나머지 의자를 없앤 것이다.

⑤ 효과가 나타나면, 의자 없는 칸을 늘릴 예정이다.

3 '의자 없는 지하철'에 대한 찬성과 반대의 이유를 정리한 것입니다. **보기**에서 알맞은 말을 골라 빈칸에 쓰세요.

┤ **보기** ├

배려   사람   의자   늘어난다   안전사고

의견	'의자 없는 지하철' 찬성	'의자 없는 지하철' 반대
이유	• 혼잡함이 줄어든다. • 안전상의 문제가 없다. • 교통 약자를 ① ( )할 수 있다. • ② ( )에 앉고 싶으면, 다른 칸을 이용하면 된다.	• 혼잡함이 ③ ( ). • ④ ( )의 위험성이 커진다. • 교통 약자가 이용하기 어렵다. • 출퇴근 시간 이외에는 의자 없는 칸에 ⑤ ( )이 없을 것이다.

4 이 글을 읽고 정리한 내용입니다. 알맞은 말을 골라 ○표 하세요.

'의자 없는 지하철'에 대해 사람들은 서로 다른 (의견, 사실)을 이야기하고 있다. 자신의 (의견, 사실)을 뒷받침하기 위해 다양한 (이유, 설명)를 제시하고 있다.

5 ㉠을 해결하기 위해 더 생각해 볼 내용으로 알맞은 것 두 가지를 골라 번호를 쓰세요.

> ① 지하철 열차 운행 횟수를 늘린다.
> ② 갈아타기 쉽게 자전거를 가지고 지하철에 탈 수 있게 한다.
> ③ 인공 지능을 활용한 앱으로 지하철 칸별 혼잡도를 안내한다.

(,   )

6 이 글의 마지막 문단의 내용에 맞게 '의자 없는 지하철'을 바라보지 <u>못한</u> 친구의 이름을 쓰세요.

교통 약자의 입장에서 지하철을 타 보면, 편리한 게 무엇인지 쉽게 알 수 있을 거야.

여름

의견이 다르다는 건 문제가 많다는 뜻인 거 같으니, '의자 없는 지하철'은 안 하는 편이 좋겠어.

가을

'의자 없는 지하철'을 이용하고 난 사람들에게 설문 조사를 하면 편의성 여부를 알 수 있을 거야.

겨울

(   )

> 이유를 쓸 때는 '왜냐하면 ~ 때문이다'를 넣어 쓰는 것이 좋아요.

7 '의자 없는 지하철' 운행에 대한 내 의견에 ○표 하고, 그렇게 생각한 이유를 써 보세요.

나는 '의자 없는 지하철' 운행에 대해 (찬성한다, 반대한다)

왜냐하면 _____

_____

_____

18 기행문의 구성

기행문은 글쓴이의 여행 경험을 쓴 글로, 여행 장소에서 일어난 일에 초점이 맞추어 쓰여 있어요. 기행문을 읽을 때는 글쓴이가 여행을 통해 알게 된 사실과 그로 인해 느낀 점이 무엇인지 살펴보아야 해요.

✦ **기행문의 구성** 여행한 장소(과정이나 일정), 여행하며 보거나 들어서 알게 된 것, 여행하며 느끼거나 생각한 것 등.

✦ **기행문의 특징**
- 경험한 내용을 실감나게 써야 함.
- 여행지의 특성이 드러남.
- 주로 시간에 따라 여행 장소가 변하는 흐름으로 구성됨.

1~3 다음 문장을 읽고 기행문의 어떤 내용에 해당하는지 보기에서 골라 번호를 쓰세요.

┤ 보기 ├
① 여행한 장소
② 여행하면서 보거나 들은 것
③ 여행하면서 느끼거나 생각한 것

1 우리 가족이 여행 마지막 날 들른 곳은 감천 문화 마을이었다. (　　　)

2 아름다운 이곳에 가슴 아픈 역사가 깃들어 있다는 것이 믿기지 않았다.

(　　　)

3 이 곳은 6·25 전쟁 때 피난민들이 모여서 산 곳이라고 아빠께서 알려 주셨다.

(　　　)

4 보기를 읽고 글쓴이가 여행한 장소를 차례대로 나열해 보세요.

┤ 보기 ├
① 마지막으로 경포호와 경포대를 둘러보았다. 경포대는 경포호에 자리 잡은
누각으로 호수의 물이 거울처럼 맑다는 의미를 지니고 있다.
② 다음으로 검은 대나무로 둘러싸인 오죽헌에 갔다. 이곳은 신사임당과 율
곡 이이가 살았던 곳이다. 멋스러운 한옥을 볼 수 있어 좋았다.
③ 우리는 강릉에 도착하자마자 점심으로 초당 두부를 먹으러 갔다. 초당 두
부는 바닷물로 간을 맞춘 두부라고 한다. 깔끔한 맛이 일품이었다.

(　　　) ➡ (　　　) ➡ (　　　)

신라 천년의 보물 창고, 경주

1회독

🔵 여행을 하게 된 까닭에 ⚪

🔵 여행하면서 느끼거나 생각한 것에 〰️

🔵 경주의 문화유산에 [   ]

1 일주일 전, 텔레비전에서 '천년의 미소'라고 불리는 기와를 보았다. 신라 시대에 만들어진 이 기와는 미소 짓는 사람의 얼굴 모양을 하고 있었다. 얼굴 한쪽이 깨져 있는데도 미소가 아름다워 유명하다고 한다. **온화하게˚** 웃는 기와를 보니 나도 덩달아 기분이 좋아졌다. 나는 부모님께 그 기와를 직접 보고 싶다고 말씀드렸다.

"좋아! 우리 주말에 보물 찾으러 경주에 가 보자."

나는 어떤 보물을 찾는 건지 궁금하였다. 엄마께서 일단 가 보면 알게 될 거라고만 하셨다.

2 주말이 되어 우리 가족은 경주로 가는 버스에 몸을 실었다. 경주에 도착하자마자 불국사로 향하였다. '부처 불(佛)'에 '나라 국(國)' 자를 쓰는 불국사는 부처님의 나라라는 뜻을 가진 절이다. 백운교와 청운교라고 불리는 돌다리와 자하문을 지나 대웅전 안으로 들어가니 석가탑과 다보탑이 마주 서 있었다. 아빠께서 두 탑은 신라 시대의 훌륭한 돌 다루기 솜씨를 잘 드러낸다고 알려 주셨다. 석가탑은 군더더기 없이 깔끔했고, 다보탑은 딱딱한 돌로 만들었다는 것이 믿기지 않을 정도로 아름답고 화려하였다. 석가탑과 다보탑 모두 우리나라의 **국보˚**이다.

3 우리는 불국사를 모두 둘러본 뒤, 국립 경주 박물관에 갔다. '천년의 미소'를 보기 위해서였다. '천년의 미소'의 정식 **명칭˚**은 '얼굴 무늬 수막새'이다. 천진한 미소를 담은 이 기와는 뛰어난 제작 기술과 높은 예술성을 인정받아 2018년에 우리나라의 보물로 지정되었다고 한다. 박물관에는 '천년의 미소' 외에도 신라 시대 왕들의 무덤에서 나온 유물들이 많이 전시되어 있었다. 박물관 외부에 있는 성덕 대왕 신종도 보았다. 이 종은 소리가 마치 엄마를 부르는 아이의 소리와 같아 '에밀레종'이라는 이름이 붙었다고 한다.

4 다음으로 간 곳은 대릉원이었다. 대릉원은 산처럼 큰 왕들의 무덤이 자리하고 있었다. 거대한 **왕릉˚** 앞에 서니 내가 마치 소인국 사람이 된 것

● **온화**(溫 따뜻할 온, 和 화목할 화)**하다** 성격이나 태도가 온순하고 부드럽다.

● **국보**(國 나라 국, 寶 보배 보) 국가에서 귀중한 것으로 지정하여 보호하고 관리하는 문화재.

● **명칭**(名 이름 명, 稱 일컬을 칭) 사람이나 사물 등의 이름.

● **왕릉**(王 임금 왕, 陵 큰 언덕 릉) 임금의 무덤.

같았다. 무덤 중에서 천마총은 안으로도 들어가 볼 수 있다. 천마총은 원래 155호 **고분**˚이라고 불렸는데, 발굴 조사를 하는 도중에 천마도가 나와 천마총이라고 부르게 되었다. 천마도는 말이 하늘로 올라가는 모양을 그린 그림이다. 책에서만 보았던 천마도를 비롯해 화려한 금관을 직접 보니 정말 신기하였다. 이처럼 뛰어난 문화재를 남긴 조상들이 자랑스러웠다.

5 여행을 마치고 나니, 경주에 '보물'을 찾으러 가자고 하신 엄마 말씀을 이해할 수 있었다. 경주 그 자체가 살아 있는 보물 창고인 셈이었다. 이번 여행으로 우리 조상들이 남긴 문화유산들을 직접 볼 수 있어 좋았다. 또 문화유산들을 소중히 여기고, 지켜 나가야겠다고 생각하였다. 경주에는 아직 내가 못 본 유물과 유적이 정말 많다. 다음에 신라 천년의 보물을 간직한 경주를 다시 방문하고 싶다.

● **고분**(古 옛 고, 墳 무덤 분)
옛날에 만든 커다란 무덤.

구조 읽기 빈칸에 알맞은 낱말을 써넣으며 내용을 정리해 보세요.

정답 및 해설 (38쪽)

여행을 하게 된 까닭

'천년의 미소'를 직접 보기 위해 ❶ ㄱ ㅈ 에 가기로 함.

❷ ㅂ ㄱ ㅅ

석가탑과 다보탑을 보고 두 탑의 서로 다른 아름다움을 감상함.

국립 경주 박물관

'천년의 미소(얼굴 무늬 수막새)'와 성덕 대왕 신종을 봄.

❸ ㄷ ㄹ ㅇ

천마도와 신라 왕들의 금관을 보고 자랑스러움을 느낌.

여행 후의 생각과 느낌

• 조상들이 남긴 ❹ ㅁ ㅎ ㅇ ㅅ 들의 소중함을 깨달음.
• 경주에 다시 방문하고 싶음.

2 회독 빈칸을 채우지 못했다면 다시 **꼼꼼히** 읽어요!

1 이 글을 쓴 목적으로 알맞은 것에 ○표 하세요.

(1) 여행에서 주의할 사항을 안내하기 위해서 (   )

(2) 여행에서 보고 듣고 느낀 것을 기록하기 위해서 (   )

2 '천년의 미소'라는 기와에 대해 <u>잘못</u> 이야기한 친구의 이름을 쓰세요.

> 서율: 정식 명칭은 '얼굴 무늬 수막새'라고 해.
> 선우: 텔레비전에 나와서 아주 유명해진 기와야.
> 우주: 얼굴 한쪽이 깨져 있는데도 미소가 아름다워.

(   )

3 글쓴이가 경주에서 다녀온 곳과 그곳에서 본 것을 찾아 선으로 이으세요.

(1) 불국사 •

(2) 국립 경주 박물관 •

(3) 대릉원 •

• ① 천마도와 금관

• ② 석가탑과 다보탑

• ③ '얼굴 무늬 수막새'와 성덕 대왕 신종

4 다음을 읽고 이 글에 대한 설명으로 알맞은 것에 ○표 하세요.

> 기행문은 여행을 하게 된 까닭이나 목적, 여행을 떠나기 전의 기대와 설렘 등으로 시작한다. 그리고 여행하며 다닌 곳, 보고 들은 것, 생각하거나 느낀 점을 생생하게 쓴다. 마지막으로 여행하며 좋았거나 아쉬웠던 점, 앞으로의 계획이나 각오, 달라진 생각이나 태도 등을 쓴다.

(1) 글쓴이는 살아 있는 보물 창고인 경주의 문화유산을 지킬 구체적인 방법에 대해 생각하였다. (   )

(2) 글쓴이는 경주 여행을 통해 조상들이 남긴 문화유산을 소중히 여기고 지켜야겠다고 생각하였다. (   )

5 이 글에서 **보기**의 내용이 들어가기에 알맞은 문단은 어디인가요?

(   )

┤ 보기 ├

국립 경주 박물관은 경주에서 발견된 국보나 보물 등의 유물을 보존하고 전시하는 곳이다.

① **1**문단   ② **2**문단   ③ **3**문단
④ **4**문단   ⑤ **5**문단

6 이 글을 통해 답을 알 수 있는 질문 두 가지는 무엇인가요? (,   )

① 천마총의 고분은 모두 몇 개인가요?

② 백운교는 무엇으로 만든 다리인가요?

③ 청운교는 몇 단으로 이루어져 있나요?

④ 성덕 대왕 신종의 다른 이름은 무엇인가요?

⑤ 얼굴 무늬 수막새는 누구의 집에서 사용하였나요?

여행 간 곳을 떠올려 보고, 시간의 흐름에 따라 이동한 장소를 적어 보세요.

7 기억에 남는 여행지를 떠올리며 다음 표를 채워 보세요.

여행 기간	
여행한 곳	
여행 중 이동한 경로	

19 의견을 뒷받침하는 자료

주장하는 글에는 의견을 뒷받침하는 객관적인 자료가 다양하게 쓰여요. 자료는 글을 읽는 사람의 흥미를 끌고 신뢰도를 높여 줘요. 의견을 뒷받침하는 자료를 읽을 때는 자료가 객관적이고 믿을 만한지 살펴보는 것이 좋아요.

✦자료의 종류

- 백과사전: 사실들에 대한 지식을 간단하게 설명하여 찾아보기 쉬운 차례에 따라 실은 책.
- 통계 자료: 어떤 주제에 대하여 조사한 자료나 수집한 수를 일정한 기준에 따라 정리한 자료.
- 인터뷰: 어떤 사실을 알아내기 위해서 개인이나 집단을 만나 질문하며 이야기를 나누는 것.

개념 확인

확인 문제를 풀어 보며 개념을 익혀요.

1~3 **다음 주장을 뒷받침하는 자료로 알맞은 것에 ○표 하세요.**

1

주장: 걷기 운동은 건강에 이롭다.

① 운동복 새로 샀구나?

② 걸음 수

3867 5537 7370 11,529

사망자 수

(   )   (   )

2

주장: 수요일을 급식 다 먹는 날로 정하면 음식물 쓰레기가 줄어든다.

① 학급신문

수요일은 다 먹는 날!

수요일을 급식 남기지 않는 날로 정했더니 음식 쓰레기가 절반으로 줄었습니다.

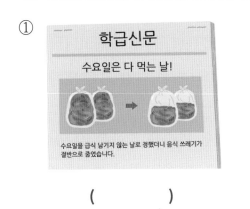

② 바다가 아파요!

음식물 쓰레기 때문에 바다가 심각하게 오염되었어요.

(   )   (   )

3

주장: 외출하고 집에 돌아오면 손을 비누로 30초 이상 씻어야 한다.

①

00대학 병원 000교수

손을 비누로 깨끗이 씻어야 세균이 사라집니다.

② 향이 좋은 비누!

(   )   (   )

생체 모방 기술로 미래를 바꾸자

1회독

◯▷ 글쓴이의 의견
에 ◯

◯▷ 의견을 뒷받침
하는 자료에 〰

◯▷ 생체 모방 기술
의 전망에 [　]

　생체˚ 모방˚ 기술이란 동물, 곤충, 식물을 본떠 무언가를 만드는 것을 뜻해요. 우리 주변에는 자연에서 **영감**˚을 얻어 만들어진 것이 무척 많아요. 비행기는 새의 모습을, 잠수함은 물고기를 본떠 만들었어요. '모방은 창조의 어머니'라는 말이 있듯이, 인간은 자연 덕분에 여러 가지 발명을 이루어 냈어요. 그래서 생체 모방 기술은 매우 중요해요. 우리는 미래를 위해 자연을 계속 연구해야 해요.

　우리나라에는 'KTX-산천'이라고 불리는 고속 열차가 있어요. 이 열차는 민물고기인 산천어의 뭉뚝한 모양을 본떠 만들어졌어요. 그래서 앞머리는 부드러운 곡선을 이루고, 뒷부분은 날렵해요. 왜 산천어의 모양을 모방하게 되었을까요? 바로 소음 때문이에요. 고속 열차가 빠른 속도로 달리다 보면 공기와 부딪혀서 큰 소음을 내게 돼요. 큰 소음은 열차를 탄 승객과 열차가 지나가는 터널에 큰 피해를 줄 수 있어요. 그래서 고속 열차의 모양을 뭉뚝하게 만들어서 공기의 **저항**˚을 줄이게 되었어요. 철도 제작 업체의 통계에 따르면, 시속 300미터의 속도로 달렸을 때 평균 소음이 64데시벨이었어요. 이는 일반 고속 열차보다 2데시벨 정도 낮은 수준이라고 해요.

　지폐에서도 생체 모방 기술을 찾아볼 수 있어요. 지폐의 뒷면 오른쪽에는 숫자가 적혀 있어요. 이것은 가짜 지폐를 만드는 것을 막기 위해 특수한 잉크로 새긴 글씨예요. 이 특수한 잉크는 바로 나비의 날개를 본떠 만들어졌어요. 나비의 날개는 보는 각도에 따라서 그 색깔이 변해요. 나비의 날개가 빛을 흡수하거나 반사하기 때문이에요. 그래서 특수한 잉크를 새긴 오만 원권 지폐를 위에서 보면 숫자가 자홍색으로 보이고, 옆에서 보면 숫자가 녹색으로 보여요. 은행 관계자는 "특수한 잉크가 위조된 사례는 없다."라고 말하였어요.

　마지막으로 거미줄을 모방한 거미 실크가 있어요. 거미줄은 강철보다도 20배나 강하고 나일론보다도 잘 늘어나요. 그래서 거미는 자기 몸집보다도 커다란 곤충을 거미줄로 사냥할 수 있어요. 거미 실크는 단단하고 유연해서 방탄복이나 산업용 전선에 사용되고 있어요. 또 사람의 몸에 해를

● **생체**(生 날 생, 體 몸 체) 생물의 살아 있는 몸.

● **모방**(摸 본뜰 모, 倣 본받을 방) 다른 것을 본뜨거나 본받음.

● **영감**(靈 신령 영, 感 느낄 감) 창조적인 일의 계기가 되는 기발한 착상이나 자극.

● **저항**(抵 거스를 저, 抗 막을 항) 어떤 힘에 대하여 굽히지 않고 맞서거나 견디는 것.

주지 않아서 임플란트, 인공 관절, 수술용 실로 쓰여요. 앞으로는 근육이나 피부 같은 생체 조직도 만들어 낼 수 있을 것이라 기대하고 있어요. 실제로 2009년에 미국의 대학교에서 거미 실크로 만든 투명 필름으로 인공 각막을 개발한 사례가 신문에 실리기도 하였어요.

이처럼 생체 모방 기술은 다양한 분야에서 쓰이고 있어요. 생체 모방 기술 덕분에 우리 생활은 더욱 편리해졌어요. 앞으로 디자인, 의료, 에너지 분야에서 큰 변화를 불러일으킬 것으로 기대되고 있어요. 그러므로 생체 모방 기술에 대해 더 많은 관심을 가져야 해요. 자연의 지혜를 배운다면, 우리의 미래는 지금과는 아주 다른 모습일 거예요.

구조읽기 빈칸에 알맞은 낱말을 써넣으며 내용을 정리해 보세요.

정답 및 해설 40쪽

인간은 ❶ ㅈ ㅇ 에서 영감을 얻어 여러 발명을 이룸.

❷ ㄱ ㅅ ㅇ ㅊ	지폐의 특수 잉크	거미 실크
산천어의 뭉뚝한 모양을 모방하여 소음을 줄임.	❸ ㄴ ㅂ 날개를 모방한 잉크로 글씨를 새겨 지폐 위조를 방지함.	❹ ㄱ ㅁ ㅈ 을 모방한 단단하고 유연한 실이 의료 분야에 사용됨.

생체 모방 기술에 대해 더 많은 관심을 가져야 함.

2 회독 빈칸을 채우지 못했다면 다시 꼼꼼히 읽어요!

1 이 글에 대한 설명으로 알맞은 것에 ○표 하세요.

(1) 사람들을 설득하기 위한 글이다. (   )

(2) 자신의 여행 경험을 생생하게 기록하는 글이다. (   )

(3) 어떤 일을 하는 방법을 자세히 알려 주는 글이다. (   )

2 '생체 모방 기술'에 대한 설명으로 알맞지 <u>않은</u> 것은 무엇인가요?

(   )

① 인간은 자연 덕분에 여러 가지 발명을 이루었다.

② 비행기와 잠수함은 생체 모방 기술을 사용한 예이다.

③ 동물도 사람처럼 살 수 있게 하는 방법을 연구하는 학문이다.

④ 동물, 곤충, 식물 등 자연에 영감을 얻어 기술을 발전시키는 것이다.

⑤ 디자인, 의료, 에너지 분야에서 큰 변화를 불러일으킬 것으로 기대된다.

3 글쓴이의 의견으로 가장 알맞은 것은 무엇인가요? (   )

① 자연을 보호하고 지켜나가자.

② 자연과 공존하는 방법을 배우자.

③ 생체 모방과 관련된 법을 만들자.

④ 생체 모방 기술에 관심을 가지자.

⑤ 새로운 생체 모방 기술을 만들자.

4 글쓴이가 이 글의 신뢰도를 높이기 위해 제시한 자료로 알맞지 <u>않은</u> 것의 번호를 쓰세요.

> ① 속담이나 격언
> ② 전문가의 인터뷰 내용
> ③ 신문에 나온 실제 사례
> ④ 조사를 통해 얻은 통계 자료

(   )

5 이 글을 읽은 후 자신의 생각을 알맞게 이야기하지 <u>못한</u> 친구의 이름을 쓰세요.

> 하니: 글쓴이는 생체 모방 기술의 성공적인 사례를 근거로 잘 제시하였어.
>
> 민지: 맞아. 생체 모방 기술에 찬성하는 의견과 이유가 잘 와닿았어.
>
> 혜인: 자연을 아끼고 사랑하자는 글쓴이의 의견은 타당해.
>
> 하니: 고속 열차와 지폐, 방탄복 등 우리 생활에서 접하기 쉬운 사례를 잘 선택한 거 같아.
>
> 민지: 생체 모방 기술 덕분에 우리 삶이 더욱 편리해졌다는 걸 잘 설명하고 있어.
>
> 혜인: 그렇지만 생체 모방 기술의 전망을 밝히지 않은 건 아쉬워.

(   )

> 객관적인 자료를 사용할수록 신뢰도도 높아져요.

6 보기를 읽고 의견을 뒷받침할 알맞은 자료를 찾아 써 보세요.

> ┤ 보기 ├
>
> OECD 국가 중 대한민국은 주간 50시간이라는 높은 학업 시간을 자랑합니다. 자기만의 시간을 가지지 못한 채 바쁜 일상을 살아가는 학생들, 항상 정해진 명령을 수행하는 프로그램과 다른 것이 있을까요?
>
> – 출처: 한국방송광고진흥공사(2021)

• 필요한 자료: _____

_____

_____

• 이 자료를 사용한 이유: _____

_____

_____

20 보고하는 글의 목적

　　보고하는 글은 탐구 활동의 과정과 결과가 객관적이고 정확하게 담겨 있어요. 보고하는 글을 읽을 때는 주제에 적합한 방법으로 조사가 이루어졌는지, 조사 결과를 통해 어떠한 정보를 얻을 수 있었는지 살펴보며 읽어요.

✦보고하는 글

- 어떤 주제에 관한 연구 결과나 조사한 내용을 정리하여 보고하기 위해 쓴 글.
- 조사 주제, 조사 대상과 방법, 조사 결과, 조사 후 느끼거나 알게 된 점 등이 담겨 있음.
- 사실과 의견을 구별해야 함.
- 정확하고 구체적인 내용을 담아야 함.

1~5 **보기를 읽고 질문에 알맞은 내용에 ○표 하세요.**

┤ 보기 ├

　요즘 초등학생들이 스마트폰을 너무 많이 사용하여 문제가 되고 있다는 뉴스를 보았다. 그래서 우리 반 친구들을 대상으로 스마트폰 사용 시간을 조사해 보았다. 먼저 우리 반 학생 35명 중 33명이 스마트폰을 가지고 있다고 답하였다. 33명에게 종이를 나눠 주고 사용 시간을 적게 하였다. 33명 중에서 4시간 이상 스마트폰을 쓴다는 친구가 10명이 넘었다. 생각보다 많은 친구가 스마트폰을 오래 사용한다고 답해서 깜짝 놀랐다. 그 친구들이 스스로 스마트폰 사용 시간을 줄이면 좋겠다.

1 **조사한 주제는 무엇인가요?**

① 초등학생 스마트폰 사용 시간　(　　　　)

② 초등학생 스마트폰 보유 현황　(　　　　)

2 **조사한 대상은 누구인가요?**

① 우리 반 학생 전체 35명　(　　　　)

② 우리 반 학생 중 스마트폰을 가진 33명　(　　　　)

3 **조사한 방법은 무엇인가요?**

① 종이를 나눠 주고 사용 시간을 적게 함.　(　　　　)

② 스마트폰으로 문자 메시지를 보내게 함.　(　　　　)

4 **조사한 결과는 어땠나요?**

① 스마트폰을 4시간 이상 쓰는 친구가 10명 이하였다.　(　　　　)

② 스마트폰을 4시간 이상 쓰는 친구가 10명 이상이었다.　(　　　　)

5 **조사 후 느끼거나 알게 된 점은 무엇인가요?**

① 친구들이 스스로 스마트폰 사용 시간을 줄이면 좋겠다.　(　　　　)

② 요즘 초등학생이 스마트폰을 너무 많이 가지고 있어 문제가 되고 있다.

(　　　　)

물 사용 습관 조사 보고서

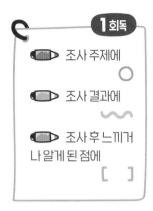

1회독

○ 조사 주제에

〰️ 조사 결과에

● 조사 후 느끼거나 알게 된 점에

[   ]

우리나라에서는 수도꼭지를 틀면 물이 콸콸 나와요. 그래서 평소에 물이 부족하다고 생각하지 않았어요. 그런데 얼마 전 뉴스를 보고 깜짝 놀랐어요. 우리나라가 물 부족 국가라는 거예요. 우리나라는 계절에 따라 비나 눈이 와서 생기는 물의 양이 불규칙해요. 그래서 **유엔(UN)**˚에서 우리나라를 물 부족 국가로 분류하고 있대요. 그런데도 물 사용량은 물 부족 국가 중에서 2위라고 해요. 지금 당장 물이 부족하지 않기 때문에 많은 사람이 물을 아껴 쓰지 않는 거예요. 하지만 물을 계속 낭비하면 진짜 물이 부족해 물을 사용하는 데 불편해질 때가 올 수도 있어요. 문득 친구들은 물을 어떻게 사용하는지 궁금해졌어요. 그래서 친구들의 물 사용 습관을 **조사하기로**˚ 하였어요.

먼저 조사 대상과 조사 방법을 생각해 봤어요. 조사 대상은 우리 반 아이들로 정했어요. 우리 반 아이 중에서 20명의 친구가 흔쾌히 조사에 답해 주겠다고 했어요. 그리고 조사 방법은 전화나 문자 메시지보다는 직접 만나서 물어보기로 했어요. 그래서 20명에게 물어볼 **질문지**˚를 만들었어요.

> 1. 이를 닦을 때 컵에 물을 받아 사용하나요? (○, ×)
>
> 2. 샤워할 때 물을 잠그고 비누칠을 하나요? (○, ×)
>
> 3. 물을 마실 때 먹을 만큼만 컵에 따라서 마시나요? (○, ×)
>
> 4. 물을 쓰고 난 후 수도꼭지가 잠겼는지 확인하나요? (○, ×)
>
> 5. 평소 자신이 물을 아껴 쓴다고 생각하나요? (○, ×)

- **유엔(UN)** 세계의 평화를 유지하고 전쟁을 막기 위해 만들어진 국제기구.

- **조사**(照 비출 조, 査 사실할 사)**하다** 모르거나 분명하지 않은 일을 알기 위해 자세히 살피거나 찾아보다.

- **질문지**(質 바탕 질, 問 물을 문, 紙 종이 지) 질문이 적혀 있는 종이.

조사한 결과, 1번에 ○표를 한 사람은 7명, 2번은 9명, 3번은 11명, 4번은 6명, 5번은 5명이었어요. 양치할 때 컵에 물을 받아서 하면 물을 절약할 수 있어요. 그런데 컵을 사용하는 사람이 7명밖에 안 된다니 깜짝 놀랐어요. 그리고 샤워하면서 비누칠할 때 물을 잠그지 않는 사람이 11명이나 된다니 정말 믿기 어려웠어요. 5번 질문에 가장 적은 사람들이 ○표를 했어요. 많은 친구가 물 절약을 실천하지 않았어요. 사실 저도 평소에 물 절약을 잘 실천하고 있지 않았어요.

이번 조사를 통해 깨달은 점이 많아요. 우리 모두 물의 소중함을 잘 모르는 것 같아 걱정이에요. 그래서 앞으로 학교에서 수업 시간에 물의 소중함과 물을 절약하는 방법을 많이 알려 주면 좋겠어요.

앞으로 저는 우리 반 친구들과 함께 이번에 조사한 내용을 정리하고, 다른 반, 다른 학년 학생들의 물 사용 습관을 조사하기로 했어요. 또 초등학생이 물의 소중함을 알고, 물을 절약하기 위해 실천할 수 있는 일들을 알아보고 **목록**˚을 만들 거예요. 그런 다음 그 내용들을 바탕으로 학교에서 물 절약 운동을 펼치려고 해요. 이 운동으로 더 많은 어린이가 물을 절약하는 습관을 가지면 좋겠어요.

● **목록**(目 눈 목, 錄 기록할 록)
어떤 것들의 이름이나 제목 등을 일정한 순서로 적은 것.

구조읽기 빈칸에 알맞은 낱말을 써넣으며 내용을 정리해 보세요.

정답 및 해설 42쪽

조사 주제

친구들의 물 사용 습관을 조사하기로 함.

조사 대상과 방법

물 사용 습관에 관한 ❶ ㅈ ㅁ ㅈ 를 만들어 우리 반 아이 중에서 20명에게 물어봄.

조사 ❷ ㄱ ㄱ

많은 친구가 물 절약을 실천하고 있지 않음.

조사 후 느끼거나 알게 된 점

• 우리 모두 물의 ❸ ㅅ ㅈ ㅎ 을 잘 모르고 있음.
• 물 사용 습관에 대한 추가 조사를 하고, 물 절약 운동을 펼치려고 함.

2 회독 빈칸을 채우지 못했다면 다시 꼼꼼히 읽어요!

1 이 글을 쓴 목적으로 알맞은 것은 무엇인가요? (   )

① 물 부족 국가를 소개하기 위해서

② 물을 절약하자고 주장하기 위해서

③ 유엔이 하는 일을 안내하기 위해서

④ 물을 절약하는 방법을 설명하기 위해서

⑤ 물 사용 습관을 조사하여 보고하기 위해서

2 글쓴이가 본 뉴스의 내용으로 알맞은 것은 무엇인가요? (   )

① 우리나라에서는 지금 당장 물이 부족하다.

② 유엔에서 우리나라를 물 부족 국가로 분류하고 있다.

③ 우리나라의 물 사용량은 물 부족 국가 중에서 1위이다.

④ 당장 물이 부족한 것은 아니므로 아무 걱정할 필요가 없다.

⑤ 우리나라는 비나 눈이 자주 내려서 생기는 물의 양이 규칙적이다.

3 글쓴이가 조사를 위해 계획한 방법으로 알맞은 것에 ○표 하세요.

(1) 질문지를 만들어 우리 반 친구 20명에게 직접 물어본다. (   )

(2) 친구들과 함께 다른 반, 다른 학년 친구들의 물 사용 습관을 조사한다.

(   )

(3) 일주일 동안 학교 화장실과 수돗가에서 친구들의 물 사용 습관을 관찰한다. (   )

4 다음 그래프는 질문지 중 몇 번 문항의 결과를 나타낸 것인가요?

(   )

조사 결과

① 1번 문항

② 2번 문항

③ 3번 문항

④ 4번 문항

⑤ 5번 문항

■ 조사 결과

5 보기를 읽고 글쓴이에게 알맞은 조언을 해 준 친구의 이름을 쓰세요.

┤ 보기 ├

　조사 결과를 정리할 때는 쉽게 알아볼 수 있도록 표나 그래프를 사용하면 좋다. 그리고 마음대로 바꾸거나 부풀려서는 안 된다. 조사 후 느끼거나 알게 된 점을 쓸 때는 다른 사람이 쓴 글을 마치 내가 쓴 것처럼 가져다 쓰지 않아야 한다.

선미: 조사 결과가 한눈에 보이도록 그래프를 사용해 봐. 보고서를 읽는 사람이 이해하기 쉬울 거야.

누리: 조사 결과를 조금만 부풀려서 써 봐. 친구들이 물을 낭비하고 있다는 사실이 더 잘 드러날 거야.

혜린: 다른 친구가 쓴 글을 가져다 쓰는 거야. 그러면 힘들이지 않아도 쉽게 글을 완성할 수 있을 거야.

(　　　　　　　　　)

조사 결과에는 사실만을 담아야 해요. 조사 후 느끼거나 알게 된 점에는 자기 의견을 쓰면 좋아요.

6 다음 표는 친구들의 독서 습관을 조사한 것입니다. 표를 보고 조사 결과와 조사 후 느끼거나 알게 된 점을 써 보세요.

1. 최근 한 달 동안 몇 권의 책을 읽었나요?

권 수	0권	2~5권	6권 이상
학생 수	10명	15명	5명

2. 책을 읽는 까닭은 무엇인가요?

까닭	재미	지식	없음
학생 수	10명	15명	5명

조사 결과:

조사 후 느끼거나 알게 된 점:

사진 출처

국가유산청	www.khs.go.kr
국립중앙박물관	www.museum.go.kr
서울특별시 농업기술센터	agro.seoul.go.kr
셔터스톡	www.shutterstock.com/ko
연합뉴스	www.yna.co.kr
한국민족문화대백과사전	encykorea.aks.ac.kr
한국방송광고진흥공사	www.kobaco.co.kr

달달 읽고 곰곰 생각하는

달곰한 시리즈

어휘 강화!
교과 학습
기본기 강화

독해 강화!
분석력, 통합력,
사고력 강화

달곰한 문해력
기본서

초등교사 100인 추천!
'3회독 학습법'으로
문해력 기본기를 다져요.

달곰한 문해력
초등 어휘

'낱말밭 어휘 학습'으로
각 학년 필수 교과 어휘를
완성해요.

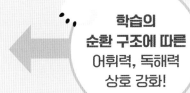

학습의
순환 구조에 따른
어휘력, 독해력
상호 강화!

달곰한 문해력
초등 독해

초등 최초! '주제 연결 독해법' 도입!
하나의 주제로 연결된
2개의 글을 읽어요.

초등 국어 교과에서 뽑은

단계별 개념

달콤한
문해력
기본서

2022 개정 교육과정에서 배우는
국어 교과 개념 200개를 다루었어요.

정답 및 해설

초등국어 독해력 완성

다독다독

달달 읽고 곰곰 생각하는

초등
3단계
B

3~4학년 추천

3회독 학습법

한번에 읽기
꼼꼼히 읽기
주도적 읽기

달달 읽고 곰곰 생각하는

달곰한 문해력 기초서

3~4학년 추천

초등
3단계
B

정답 및 해설

지문을 다시 한 번 꼼꼼하게 읽어 보아요. 자신만의 읽기 방법이 만들어질 거예요.

07 배경지식 활용하여 읽기

나의 읽기 방법은!
글을 읽는 방법에 따라 잘 읽었는지 확인해 보세요.

- 설명하는 대상에 ◯
- 알게 된 배경지식에 ︿
- 이 글의 중심 내용에 [　]

문해력의 기본은 어휘!
★ 새로 알게 된 낱말이나 어려운 낱말을 써 보세요.

새로운 지문을 만날 때마다 새로운 어휘도 익혀 보세요.

_____
_____
_____
_____

3회독 ★ 나타낸 지문의 내용과 예시를 비교하며 읽어 보세요.

돈을 어떻게 모을까?

사람들은 좋은 옷을 입고, 비싼 음식도 먹고, 좋은 집에 살고 싶어 해요. 근사한 곳에 여행을 가고, 좋은 차도 사고 싶어 하고요. 그런데 이런 일을 하기 위해서는 '돈'이 필요해요. 돈, 어떻게 하면 모을 수 있을까요?

▲ 무언가를 사기 위해서는 돈이 필요해요.

돈을 모으는 대표적인 방법으로는 (저축과 투자)가 있어요. 우선 저축은 돈 _{저축에 대한 배경지식} 을 모으기 위해 쓸데없는 지출을 줄이고 그 돈을 모아서 저금하는 거예요. 예를 들어 오늘 1,000원짜리 아이스크림을 사 먹고 싶지만 참고 모아 두어요. 오늘 1,000원, 내일 1,000원이 모이면 비교적 많은 돈이 되지요. 이런 저축은 주로 은행에서 하는데, 은행에 저축을 할 경우에는 내가 맡긴 돈보다 돈 을 더 받을 수 있어요. 이렇게 더 받을 수 있는 돈을 '이자'라고 해요. 이자는 은행에 따라, 저축 상품에 따라 달라지기도 해요.

▲ 돈을 모으는 방법으로 저축과 투자가 있고, 저축은 돈을 모아서 저금하는 것이에요.

그렇다면 은행은 어떻게 이자를 줄 수 있는 걸까요? 그건 은행이 돈을 받기 고 저축을 받기도 하지만, 돈을 빌려주는 대출도 하기 때문이에요. 은행이 저 는 사람에게 돈을 빌려주고, 그 돈을 빌려주는 이자를 받 _{이자에 대한 배경지식} 은 거예요. 그럼 그 이자를 저축한 사람에게 일부 줄 수 있어요. 따라서 은 행에 저축하면 내가 맡긴 돈뿐만 아니라 이자도 받을 수 있기 때문에 목돈을 안전하게 모을 수 있어요.

▲ 저축하면 이자를 받고, 돈도 안전하게 모을 수 있어요.

돈을 모으는 방법 중 다른 하나인 투자는 나중에 자신에게 돌아올 이익을 _{투자에 대한 배경지식} 기대하며 공장, 기계, 전문이나 원료, 제품 등에 돈을 들이는 것을 말해요. 저 축으로 받는 이자보다 더 많은 이익을 얻기 위해서 투자를 많이 해요. 예를 들어 금이

나의 같은 귀금속은 가격이 늘 같지 않아요. 따라서 귀금속을 쌀 때 사서 비쌀 때 팔면 돈을 벌 수 있어요. 이렇게 귀금속과 같은 실제 물건에 투자할 수도 있고, 금 융 상품에 투자할 수도 있어요.

▲ 투자는 나중에 돈을 이익을 기대하며 공장 등에 돈을 들이는 것이에요.

대표적인 투자의 금융 상품으로는 주식과 펀드가 있어요. 주식은 회사에 투 자한 사람에게 주는 증서로 내가 직접 투자하는 방법이에요. 반면 펀드는 나 와 다른 사람들이 맡긴 돈을 전문가에게 맡겨서 주식이나 펀드를 가지고 있 _{주식과 펀드에 대한 배경지식} 는 회사가 잘 되어서 이익이 생기면 당연히 돈을 가지고 이익을 기대할 수 있 어요. 하지만 저축에 비해 돈을 잃을 위험이 크다는 단점이 있어요.

▲ 투자의 금융 상품으로 주식과 펀드가 있는데, 투자는 저축보다 더 많은 이익을 기대할 수 있지만 돈을 잃을 위험이 많아요.

[따라서 돈을 모으고자 할 때, 저축과 투자 중 어떤 방법이 자신에게 맞는 _{중심 내용} 지 생각해 보아야 해요. 그러면 자신이 가지고 있는 돈을 효과적으로 모으거 나 늘릴 수 있어요.]

▲ 돈을 모으고자 할 때는 저축과 투자 중 맞는 방법을 생각해야 해요.

주제 찾기

❶ 이자　　❷ 주식　　❸ 펀드

3단계 B • 정답 및 해설 **16**

50~51쪽

잘 읽었나요?
글의 구조를 파악하며
잘 읽었는지 확인해
보세요.

문제 풀이가 아니라 문해력을 향상시키는 가이드입니다.

빠른 정답 확인

52-53쪽

1 저축, 투자   2 이자   3 ⑤   4 (1) ③ (2) ① (3) ④ (4) ②
5 (1) ○   6 예시 답안 참고

어휘력 설명 대상 파악하기

1 2문단에서 돈을 모으는 대표적인 방법으로 저축과 투자가 있다고 설명하고 있다.
· 금융: 경제에서 필요한 돈을 꿈꾸하는 활동을 말한다.
· 대출: 은행에 이자를 내고 돈을 빌리는 것을 말한다.

세부 내용 파악하기

2 '이자'는 저축한 사람의 돈을 다른 사람에게 빌려주고, 그 돈을 빌려주는 대가로 받는 것이다. 그래서 내가 많인 돈보다 더 받을 수 있는 돈이 이자이다. '이자'는 은행에 따라, 저축 상품에 따라 받을 수 있는 돈이 달라진다.

개념어 배경지식 파악하기

3 이 글은 돈을 모으는 대표적인 방법으로 저축과 투자에 대해 설명하고 있다. 따라서 저축과 투자의 비슷한 점과 다른 점이 무엇인지에 대한 배경지식이 있다면 글의 금을 쉽게 이해할 수 있다.

배경지식 파악하기

4 (1) 주식은 회사에 투자에 주는 사람에게 주는 증서로 직접 투자하는 것이다.
(2) 저축은 돈을 모으기 위해 저금을 들이고 모아서 저금하는 것이다.
(3) 펀드는 돈을 전문가에게 맡겨 전문가가 대신 주식에 투자하는 것이다.
(4) 투자는 이익을 기대하며 공장, 기계나 제품 등에 자금을 들이는 것이다.

문해력이

어떤 과정을 묻는 문제

였는지 확인해 보세요

글을 바르게 이해하고

생각을 펼치기 위해서

어떻게 글을 읽어야

하는지 알려주는

도움말

글을 읽고 문제를

풀면서 어떤 정답을 찾못

찾았는지 알려주는

도움말

내용 적용하기

5 회사가 이익이 생기면 주식을 가진 사람은 그 이익을 얻을 수 있다. 하지만 회사가 손해를 본다면 주식을 가진 사람은 돈을 얻을 수도 있다. 그래서 주식에 투자할 때는 위험 부담이 있으니 조심해야겠다고 말한 (1)의 반응이 알맞다.
(2) 주식을 무조건 사지 않는 것보다는 회사의 정보를 꼼꼼히 살펴보고 사는 것이 더 중요하다.
(3) 주식으로 이익을 얻을 수도 있지만 손해를 볼때도 있다. 따라서 매번 이익을 얻는다고 볼 수 없다.

생각한 문장정리

6 예시 답안

저축하는 방법

올바르게 돈을 사용하려면 저축하는 습관을 길러야 한다. 저축은 어떻게 해야 할까?

먼저 용돈 기입장에 돈이 들어오고 나가는 것을 적는다. 그다음 남는 돈을 저축 통장에 지금하여 돈이 얼마나 모이는지 확인한다. 이렇게 저축을 하면 돈을 계획적으로 쓸 수 있다.

자신의 생각과 비교해

볼 수 있고 생각을

확장시킬 수 있는

예시 답안

어떤 기준으로 생각을

펼쳐 글을 쓰는 것이

좋은지 알려주는

채점 기준

ⓒ 주어진 배경지식을 바탕으로 설명하는 글을 알맞게 완성하였습니다.
ⓒ 주어진 배경지식을 바탕으로 글을 썼으나, 설명이 부족하였습니다.
ⓒ 주어진 배경지식을 바탕으로 설명하는 글을 완성하지 못하였습니다.

01

시의 감각적 표현과 효과

🖋 시의 중심 글감에 ○

🖋 감각적 표현이 나타난 부분에 〰

🖋 중심 글감을 사람처럼 표현한 부분에 [ ]

장독간

1연
작은 (독)은
작은 모자

큰 독은
큰 모자.

2연
[장독]은 하나씩
모자를 쓰고,
소래기를 엎어서
모자로 쓰고.
　　장독을 사람처럼 표현

3연
오누월 뙤약볕에
　햇볕과 소나기를 촉각적으로 표현
몸을 데우며.

지나는 소나기를
함빡 맞으며.

4연
[한 끼에 한 번씩
모자를 벗고,
한 끼에 한 번씩
뱃속이 줄고.]

★ 새로 알게 된 낱말이나
어려운 낱말을 써 보세요.

---

3 활동 　★ 내가 표시한 내용과 해시 답을 비교하며 읽어 보세요.

장독간

1연
마당 한쪽 장독간에 크기가 다른 독들이 옹기종기 붙어 있다. 그 모습이 마치 독이 모자를 쓴 듯하다.

2연
장독이 뚜껑을 덮은 모습을 보니, 스스로 소래기를 엎어서 모자처럼 쓰는 모습이 떠오른다.

3연
여름날, 마당에서 독이 뜨거운 햇볕과 소나기를 견뎌 냈을 모습이 떠오른다.

4연
밥때가 되면 독의 뚜껑이 열리고, 독 안에 든 장을 꺼내서 그 양이 줄어든다.

정리해요

① 독　② 모자　③ 소나기

1 ③   **2** ②   **3** (5)   **4** (3)○   **5** 풀이   **6** 예시 답안 참고

시어의 의미 이해하기

1 이 시는 장독들을 마치 사람처럼 표현하여, 모자를 썼다 벗었다 하는 모습에 빗대고 있다. '소래기'는 접시 모양으로 생긴 그릇으로 주로 엎어서 독의 뚜껑으로 사용한다. 앞은 '소래기'의 모습에서 '모자'를 떠올릴 수 있다.

내용 파악하기

2 2연에서 '장독은 하나씩 / 모자를 쓰고'라고 하였다. '모자'는 장독의 뚜껑을 비유적으로 표현한 것이므로, 하나의 장독은 하나의 뚜껑을 사용하고 있다고 이해할 수 있다.

① 1연에서 '작은 독'과 '큰 독'이 모자를 쓰고 있는 것처럼 표현하고 있다. 이를 통해 장독간에는 서로 다른 크기의 장독들이 있다고 이해할 수 있다.

③ 4연에서 한 끼에 한 번씩 모자를 벗고, 뱃속이 준다고 하였다. 이는 장독이 뚜껑을 열고 안에 있는 장을 꺼내는 것을 재미나게 표현한 것이다.

④ 2연에서 '소래기를 얹어서 / 모자로 쓰고'라고 한 부분은 소래기를 뚜껑으로 사용하고 있는 장독의 모습을 비유적으로 표현한 것이다.

⑤ 3연에서 장독들은 되약볕에 몸을 데우고 소나기를 함빡 맞았다고 하였다. 이는 장독들이 마당에 있어서 비를 피하지 못하는 모습을 표현한 것이다.

감각적 표현 파악하기

3 3연은 독이 뜨거운 햇볕을 쬐고, 시원한 소나기를 맞는 것을 피부로 느끼듯이 표현하였다. 그러므로 촉각적 표현이라고 볼 수 있다.

감각적 표현의 효과 파악하기

4 3연에 고쳐 쓴 부분은 '매미 울음소리 친구 삼아;'와 '똑똑똑 자장가 삼아;' 이다. '매미 울음소리', '똑똑똑,' 등은 뜨거운 햇볕이 내리쬐고, 소나기가 내리는 여름 풍경을 마치 귀에 들리듯이 생생하게 표현하고 있다. 이를 통해 장독이 겪는 일들이 시를 읽는 이에게 친근하게 전달된다.

감상하기

5 4연에서 한 끼에 한 번씩 독이 뱃속이 줄어드는 것은 밥을 차리기 위해 장을 꺼내는 모습으로 표현한 것이다. 그러므로 끼니마다 장독에서 장을 꺼내니 장이 줄었겠다고 말한 '솔이'가 4연을 가장 알맞게 이해하였다.

6 예시 답안

> **된장찌개**
>
> 찌개는 보글보글   배에서는 꼬르륵
> 검은 모락모락   목에서는 꼴깍
>
> 구수한 냄새가
> 코끝에 대롱대롱

:D 감각적 표현의 효과를 살려 주어진 그림과 관련된 시를 썼습니다.

:) 주어진 그림과 관련된 시를 썼으나, 감각적 표현의 효과를 살리는 데는 부족하였습니다.

:(감각적 표현의 효과를 살리지 못하고, 그림과 관련된 시도 쓰지 못하였습니다.

02 글의 중심 생각

글의 핵심

3회독 ★ 내가 표시한 내용과 예시 답을 비교하며 읽어 보세요.

습지의 모든 것

늪이나 축축한 땅을 본 적 있나요? 늪은 물이 괴어 있는 곳이 많아요. 이런 늪이가 많은 축축한 땅을 가리켜 '습지'라고 불러요. 습지는 물도 아니고 땅도 아닌 곳을 말해요.

▲ 습지는 습기가 많은 축축한 땅을 가리켜요.

이러한 습지는 그게 내륙 습지와 연안 습지로 구분해요. 내륙 습지는 땅 안에 있는 습지로, 강의 언저리나 냇가 등 민물이 흐르는 곳에 만들어진 습지를 말해요. 대표적인 내륙 습지로는 경상남도 창녕군의 우포늪이 있어요.

▲ 습지는 내륙 습지와 연안 습지로 구분하는데, 내륙 습지는 땅 안에 있는 습지예요.

연안 습지는 바닷가에 있는 습지로, 바닷물이 들어가고 나오는 경계 사이의 땅을 말한답니다. 세계에 있는 대표적인 연안 습지도 무안군의 카다란 습지예요. 우리나라의 대표적인 연안 습지로는 전라남도 무안군의 무안 갯벌이 있어요.

▲ 연안 습지는 바닷가에 있는 습지를 말해요.

우리 주위에 있는 이런 습지들은 많은 일을 하고 있어요. 크게 다섯 가지로 나누어 볼 수 있어요. 첫째, 습지는 다양한 생물의 보금자리가 되어 주어요. 습지에는 플랑크톤이 많아 어패류 등이 살기 좋아요. 이런 어패류를 먹는 조류, 양서류도 살기 좋고요. 그래서 수중 생물의 약 60퍼센트가 습지에 알을 낳고, 다양한 세들이 습지에서 살아가요.

▲ 습지는 다양한 생물의 보금자리가 되어 주어요.

둘째, 습지는 물속에 있는 오염 물질을 없애 주어요. 습지는 주변으로부터 흘러나오는 각종 오염된 물을 깨끗하게 만드는 역할을 해요. 마치 지저분한 물을 거름종이에 걸러 깨끗하게 만드는 것처럼 습지에 있는 물풀이나

미생물이 오염된 물을 깨끗하게 만들어요.

▲ 습지는 물속에 있는 오염 물질을 없애 주어요.

셋째, 습지는 자연재해를 막아 주어요. 비가 갑자기 많이 와서 홍수가 나면 습지는 물을 저장하는 역할을 해요. 습지의 식물들이 물이 갑자기 붙어나는 것을 막아 홍수 피해를 줄이지요. 또한 연안 습지인 바닷가의 갯벌은 큰 파도나 태풍의 피해를 줄여 주기도 해요.

▲ 습지는 자연재해를 막아 주어요.

넷째, 습지는 경제적인 이익이 되어 주어요. 갯벌에는 게와 새우 등이 많이 살아요. 물고기나 조개 등도 많이 살고요. 어민들은 이런 습지의 생물들을 잡아 경제 활동을 해요. 그래서 습지는 어민들에게 아주 중요한 삶의 터전이에요.

▲ 습지는 경제적인 이익이 되어 주어요.

다섯째, 습지는 지구 온난화를 늦춰 주어요. 습지에는 많은 식물이 자라는데, 이 식물들은 이산화 탄소를 없애고, 산소를 만드는 역할을 하고 있어요.

이처럼 습지는 자연을 보호하고 순환시키는 역할을 담당하고 있어요. [습지 덕분에 아주 작은 미생물부터 물고기들까지 안전하게 살아갈 수 있지 덕분에 우리 인간도 그 혜택을 누리고 있답니다.]

▲ 습지는 자연을 보호하고 순환시키는 역할을 담당해요.

구조 읽기

① 습지 ② 연안 ③ 자연재해 ④ 지구 온난화

반복되는 낱말에 ○
구문단의 중심 내용에 ~~
글쓴이의 중심 생각에 [ ]

★ 새롭게 알게 된 낱말이나 어려운 낱말을 써 보세요.

1 ③ **2** ①, ④ **3** 민수 **4** ④ **5** (2)○ **6** ③
7 예시 답안 참고

낱말 뜻 알기

1 ㉢ '연안'은 바다, 강, 호수 등과 닿아 있는 땅을 의미한다.

중심 내용 파악하기

2 이 글은 습지가 내륙 습지와 연안 습지로 구분된다는 것을 소개하고, 습지가 하는 일을 다섯 가지로 나누어 설명하고 있다.

중심 생각 파악하기

3 마지막 문단에는 글쓴이의 중심 생각이 드러나 있다. 글쓴이는 습지는 자연을 보호하고 순환시키는 역할을 담당하고 있다며 습지의 장점을 이야기하고 있다. 그러므로 중심 생각을 바르게 이야기한 친구는 '민수'이다.

뒷받침하는 내용 파악하기

4 8문단에 '습지는 지구 온난화를 늦춰 주어요.'에서 습지가 하는 일을 알 수 있다.

① 6문단에서 습지는 자연재해를 막아 준다고 하였다.
② 7문단에서 습지는 경제적인 이익이 되어 준다고 하였다.
③ 5문단에서 습지는 물속에 있는 오염 물질을 없애 준다고 하였다.
⑤ 4문단에서 습지는 다양한 생물의 보금자리가 되어 준다고 하였다.

글의 목적 추론하기

5 이 글은 습지가 우리에게 주는 다양한 혜택이 무엇인지 설명하여 알려 주기 위해 쓰였다.

내용 적용하기

6 2문단에서 우포늪은 우리나라의 대표적인 내륙 습지라고 하였다. 내륙 습지는 강의 언저리나 냇가 등 민물이 흐르는 곳에 만들어진 습지이다. 따라서 내륙 습지인 우포늪에서는 깊은 바다에 사는 물고기가 살 수 없다.

① 6문단에서 습지는 물을 저장하는 역할을 하여 홍수를 막아 준다고 하였다.
② 2문단에서 우포늪은 우리나라의 대표적인 내륙 습지라고 하였다.
④ 마지막 문단에서 습지는 아주 작은 미생물부터 번데와 물고기까지 안전하게 살아갈 수 있게 해 준다고 하였다.
⑤ 4문단에서 습지는 다양한 생물의 보금자리가 되어 준다고 하였다.

7 예시 답안

· 새롭게 알게 된 내용: 습지가 오염 물질을 없애고, 홍수를 막고, 지구 온난화를 늦춘다는 것을 알게 되었다.

· '나'의 중심 생각: 습지는 인간에게 여러 가지 혜택을 주고 있다.

😄	새로 알게 된 내용을 세 가지 정도 요약하고, 나의 중심 생각을 한 문장으로 잘 썼습니다.
🙂	새로 알게 된 내용을 두 가지 정도 요약하고, 나의 중심 생각을 한 문장으로 잘 썼습니다.
🙁	새로 알게 된 내용을 한 가지 정도 요약하거나 쓰지 못하였고, '나'의 중심 생각을 한 문장으로 잘 쓰지 못하였습니다.

03

낱말의 동형어이어 관계

○ 설명하는 대상에

～ 동형어이어 관계인 낱말에

[ ] 동형어이어를 구분해야 하는 이유에

★ 새로 알게 된 낱말이나 어려운 낱말을 써 보세요.

---

3 회독 ★ 내가 표시한 내용과 예시 답을 비교하며 읽어 보세요.

배에서 배를 먹고, 배가 아팠다고?

지난 5일, 라디오 방송국으로 '배가 아파서 생긴 황당한 이야기'라는 사연이 전해졌다. 방송국에 따르면, 사연을 보낸 청취자는 가족들과 함께 떠난 여행에서 있었던 일을 전했다고 한다. 다음은 청취자가 보낸 사연 중 일부이다.

▲ 라디오 방송국으로 '배가 아파 생긴 황당한 이야기' 사연이 전해졌다.

안녕하세요. 저는 늘룰초등학교 3학년 강민준이에요. 지난 여름 방학 때 할아버지, 할머니, 아빠, 엄마와 함께 우리 가족은 크루즈 여행을 갔어요. 사진은 여행 도중 생겼어요. 카다란 배로 여행을 즐기는 만큼 배 안에서 비싸 식사를 하게 되었어요. 맛있게 저녁을 먹은 뒤, 배가 실실 아프기 뭐예요.

평소에도 배를 먹으면 배가 아픈 적이 있었는데, 이날도 아무 생각 없이 먹은 배 한 조각 때문에 탈이 난 것 같아요. 배에서는 밤새 꾸르륵꾸르륵 소리가 나고, 계속 화장실을 들락거렸지요. 다행히 물도 많이 마시고, 약도 먹어서 다음 날 아침에는 괜찮았어요. 휴!

▲ 아이는 배로 여행을 하다 배를 먹고 배가 아파 고생하였다.

그래서 다음 날 아침 저는 크루즈 안에서 만나는 사람들에게 이렇게 말하였어요.

"어젯밤에 배가 고장 났나 봐요. 배 아래쪽에서 우르르 꽝꽝 시끄러운 소리가 나서 한잠을 못 잤어요."

이 말을 들은 사람들은 '혹시 우리가 타고 있는 배에 무슨 문제가 있는 거냐?', '자기는 못 들었는데 배 어느 쪽에서 소리가 나는 거냐?'며 놀라 물었어요. '관계자에게 얼른 알려야 하는 거 아니냐?'며 걱정 어린 고민도 했고요. 그 바람에 엄마 아빠는 바빴어요. 사람들이 제 말을 오해하지 않게 고치느라 말이에요.

"하하, 다행히 그 배가 아니라, 요 녀석 똥배랍니다."라며 아빠는 제 배를 가리키셨어요. 그 말을 들은 사람들은 모두 배를 잡고 웃었고, 덕분에 잊지 못할 재미있는 추억이 하나 생겼어요.

▲ '배가 아팠다'는 아이의 말에 사람들은 배가 고장이 난 줄 알고 놀랐다.

사연을 들은 라디오 방송 진행자는 '배' 안에서 '배'를 먹고 '배'가 아팠던 웃지 못할 이야기를 얼른 꺼내 주셔 고맙다며, '세' 배나 재미있는 사연'이었다고 좀 즐거워하셨다. 또한 이 사연을 접한 청취자들은 '나 같아도 깜빡 속겠다.', '아이가 너무 귀엽다.', '늘 배가 아픈 게 아니라서 그나마 다행이다.'라는 반응을 보였다.

▲ 사연을 들은 라디오 방송 진행자와 청취자는 재미있어하는 반응을 보였다.

이와 같은 오해가 생길 수 있는 것은 동형어이어 때문이다. 동형어이어는 소리는 같으나 의미가 다른 말을 말한다. '맛없는 사과를 구입하게 되 고객에게 심심한 사과의 말을 전한다.'고 할 때 '사과' 역시 동형어이어이다. 앞의 사과는 사과나무의 열매를, 뒤의 사과는 자기의 잘못을 인정하고 용서를 비는 것을 말한다.

설명하는 대상 - 배, 사과
동형이의어

[이런 동형어이어를 잘 구분해야 많이나 글의 내용을 올바르게 이해할 수 있다. 그렇지 않으면 배탈이 난 게 아니라, 바다 위의 배가 고장이 난 줄 알 수도 있을 테니까 많이다.]
동형어이어를 구분해야 하는 이유

▲ 동형어이어 때문에 생긴 오해가 없기 위해서는 동형어이어를 잘 구분해야 한다.

구조 읽기

① 배 ② 배 ③ 동형어이어

1 ⑤ **2** (1)② (2)① (3)④ (4)③ **3** ④ **4** ② **5** 지한
6 예시 답안 참고

중심 내용 파악하기

1 라디오에 사연을 보낸 아이는 커다란 '배'에서 '배'를 먹고, '배'가 아픈 일이 있었다. 아이는 배 안의 사람들에게 배가 고장났다고 말했고, 사람들은 이 배를 그루즈로 오해하였다.

낱말 뜻 알기

2 배 안에서 배를 먹고 배가 아팠다는 내용에서 각각 교통수단, 열매, 신체 부위음을 알 수 있다. 또 세 배나 재미있는 사연이라는 내용에서 수나 양이 커짐을 가리키는 말을 의미한다는 것을 알 수 있다.

낱말의 뜻 파악하기

3 ④는 '자기의 잘못을 인정하고 용서를 빎.'의 뜻으로 사용되었고, ①, ②, ③, ⑤는 '모양이 둥글고 붉으며 새콤하고 단맛이 나는 사과나무의 열매'의 뜻으로 사용되었다.

동형이의어의 특징 파악하기

4 이 글은 동형이의어의 뜻을 오해하여 생긴 사건을 다루고 있다. 이 글의 마지막 문단에서 동형이의어를 잘 구분하여 말하나 글의 내용을 바르게 이해할 수 있다고 하였다.

내용 추론하기

5 '다리'는 동형이의어로 '한편의 높은 곳에서 다른 편이 높은 곳으로 건너다닐 수 있도록 만든 시설물'과 '사람이나 동물의 몸통 아래에 붙어 있는 신체 부위'를 말한다. 서진이가 다리가 아픈 것을 사람의 신체가 아닌, 시설물로 잘못 이해하였기에 대화가 잘 이루어지지 못하였다.
• 현서: 서진이가 동형이의어인 '다리'의 뜻을 오해하였을 뿐, 이안이가 사진의 말을 주의 깊게 듣지 않은 것은 아니다.
• 정안: 서진이는 이안이의 이야기에 관심을 보이고 있다.

6 예시 답안

• 동형이의어 관련된 '나'의 경험: 봉사가 '다른 사람을 돕는 일'과 '시각 장애인'을 낮잡아 부르는 동형이의어라는 것을 알지 못해서, 『심청전』에 나오는 심 봉사를 오해한 적이 있다.
• 동형이의어를 사용한 문장: 나는 마구간의 말에게 말을 걸어 보았습니다.

😀	동형이의어인 낱말의 뜻을 모두 정확히 알고 글을 썼습니다.
🙂	동형이의어인 낱말의 뜻을 한 가지만 정확히 알고 글을 썼습니다.
😞	동형이의어인 낱말의 뜻을 모두 정확히 알지 못하고 글을 썼습니다.

04 이야기의 감각적 표현과 효과

3회독 ★내가 표시한 내용과 예시 답을 비교하며 읽어 보세요.

고양이 해결사 냥냥

★
- 이야기에서 일어난 일에 ○
- 감각적 표현이 나타난 문장에 밑줄
- 인물의 기분을 알 수 있는 부분에 [ ]

수업을 마친 아이들이 교문 밖으로 와글와글 쏟아져 나왔어. 아이들은 참새 떼처럼 재잘거리며 언덕길을 내려왔어. 학교 담장 밑에서 낮잠 자던 고양이가 슬며시 눈을 떴어. 모른 척하고 그냥 자기에는 좀 시끄럽지만, 일어나기는 싫어. 이렇게 별 걸 다 듣는 곳에 자리를 잡은 게 꽤 오랜만이거든. 고양이는 더 자야겠다고 생각하고 모을 잔뜩 웅크렸어. 그때 어디선가 [광고지 한 장이] 날아와 고양이 앞에 살포시 떨어졌어.
<small>일어난 일</small>

▲ 낮잠 자던 고양이 앞에 광고지가 떨어졌어.

둥 뚜뚜 따앙 뚜, 뚜뚜따앙
*광고지를 가지고 오시면 선물을 드려요.

'선물을 준다고?'

고양이는 부드러운 모을 떨며 기지개를 켜고, 구석구석 몸단장도 했어. <u>그런 다음 여행 가방을 들들들 끌면서 태권도장으로 향했지.</u> 가는 동안 길바닥에 버려진 광고지를 한 장 한 장 주워 들었어.

"선물 하나, 선물 둘, 선물 셋……."

광고지 한 장이 선물이 한 개씩이라고 생각한 거야.

▲ 고양이가 광고지를 주워 들고 태권도장으로 향했어.

부지런히 걸어가던 고양이가 만두 가게 앞에서 걸음을 멈췄어. 커다란 찜 통에서 뽀얀 김이 올라오는 게 신기했거든. 정확히 말하면 만두 냄새가 너무 좋아서 저절로 발이 멈춘 거야. [가게 앞에서 김을 꼴까닥꼴까닥 삼키는 고양이를] 발견한 주인 할아버지가 못마땅해하며 한마디 했어.

▲ 고양이가 만두 가게 앞에서 걸음을 멈췄어.

"요즘은 어디를 가나 고양이 천지라니까. 털 날리고 말고 자리 가라!"

고양이는 아랑곳하지 않고 광고지를 내밀었어.

"여기가 어딘지 아세요?"

[할아버지는 새로 빚은 만두를 찜통에 올리면서 퉁명스럽게 대답했어.]

"이 건물 3층이다."

고양이는 금을 꿀꺽하며 만두 냄새를 한 번 더 맡고 3층으로 올라갔어.
<small>만두 냄새를 맡는 고양이를 후각적으로 표현</small>

▲ 고양이가 태권도장이 있는 3층으로 올라갔어.

태권도장에 들어서서 수련장 옆에 딸린 작은 사무실에서 말소리가 들렸어.

태권도복을 입은 사범이 전화 통화를 하고 있었어.

"네, 아버님. 다음 달부터는 영어 하면서 수인 제 손으로 머리를 검색합니다? 잘 알겠습니다."

[사범은 전화를 끊고 고개를 숙인 채 한숨을 내쉬었어.] 그때 고양이
<small>막막함</small>
가 뿍 목을 두드렸어.

"어서 오……."

"구경 좀 해도 될까요?"

태권도장에 찾아온 손님이 고양이라니. [당황한 사범이 눈을 크게 뜨고 고양이를 쳐다봤어.] [고양이는 제 몸집만 한 여행 가방을 문 옆에 세워 놓고 소
<small>당황함</small>
파에 올라앉았어.] [상담을 받으러 온 것처럼 느긋하고 당당했지.]
<small>느긋함</small>

["여기는 아이들이 태권도를 배우는 곳이야. 고양이가 함부로 들어오면 안 돼. 알겠니?"]

▲ 태권도장에 고양이 손님이 찾아오자, 사범이 당황했어.

구조 알기

① 고양이 ② 만두 ③ 사범

★새로 알게 된 낱말이나 어려운 낱말을 써 보세요.

1 선물 **2** ① **3** ④ **4** ③ **5** 노랑 **6** ② **7** 예시 답안 참고

중심 사건 파악하기

1 학교 담장 밑에서 낮잠을 자던 고양이에게 어디선가 광고지 한 장이 날아온다. 고양이는 광고지를 가져오면 선물을 준다는 내용을 보고 태권도장으로 향한다.

내용 파악하기

2 태권도 사범은 고양이에게 "여기는 아이들이 태권도를 배우는 곳이야. 고양이가 함부로 들어오면 안 돼. 알았니?"라고 말한다. 태권도 사범의 말에서 태권도 사범이 올 것을 알지 못했음을 알 수 있다.

　② 고양이는 광고지를 가지고 오면 선물을 준다는 광고글을 보고 태권도장으로 향하였다.
　③ 고양이는 태권도장의 정확한 위치를 알지 못해, 만두 가게 옆에서에게 물어보았다.
　④ 고양이는 오랜만에 뻗을 잡는 곳에 자리를 잡아 낮잠을 더 자고 싶었다.
　⑤ 만두 가게 들어버지는 고양이에게 고양이가 천지라며 처리 가라고 말하였다.

감각적 표현 파악하기

3 '참새 떼처럼 재잘거리며'라는 부분은 아이들이 시끄럽게 떠들며 이야기하는 모습을 귀로 듣는 것처럼 생생하게 표현한 것이다.

감각적 표현의 효과 파악하기

4 '고양이는 글을 킁킁대며 만두 냄새를 한 번 더 맡았다는 것으로 보아, 고양이가 만두 냄새를 맡으며 군침 빌름거리는 장면을 떠올릴 수 있다.

　① 고양이는 만두 가게 앞에서 만두 냄새를 맡게 된다.
　② 고양이는 가지개를 켜며 몸을 부르르 떨었다.

인물의 마음 짐작하기

5 태권도 사범은 태권도 학원을 그만둔다는 하부모의 전화를 받고 고개를 숙인 채 손으로 머리를 감쌌다. 태권도 사범의 이런 행동에서 '속상한 마음'을 알 수 있다.

이어질 내용 추론하기

6 이 이야기의 제목은 『고양이 해결사 검냥』이다. 해결사란 '어떤 분야에서 일 처리가 능숙한 사람'을 이르는 말로, 고양이가 사장의 어려운 태권도 사범을 돕는 내용이 이어질 것이라고 짐작할 수 있다.

예시 답안

7
・ 시끄러운 분위기: 기차가 덜커덩덜커덩 우렁찬 소리를 내었다.
・ 유쾌한 분위기: 사람들의 얼굴에서 웃음이 꽃처럼 피어났다.

^^	감각적 표현을 사용하여 각 분위기에 어울리는 내용을 모두 썼습니다.
:)	감각적 표현을 사용하여 한 가지 분위기에 어울리는 내용을 썼습니다.
:(	감각적 표현을 사용하여 각 분위기에 어울리는 내용을 모두 쓰지 못하였습니다.

05

생활문의 특징

● 중심 낱말에 ○
● 두발자전거와 관련된 경험에 〜〜〜
● 생각이나 느낌이 나타난 문장에 [ ]

★ 새로 알게 된 낱말이나 어려운 낱말을 써 보세요.

3회독 ★ 내가 표시한 내용과 예시 답을 비교하며 읽어 보세요.

도전, 두발자전거!

열 번째 내 생일날, 할머니께서 (두발자전거)를 선물해 주셨다. 나는 두발자전거를 탈 수 있었다. 그런데 토요일 아침 일찍 눈을 떠 보니 하늘이 맑게 개어 있었다. 날씨가 화창해서 자전거를 타기에 딱 좋은 날이었다. 나는 서둘러 아침을 먹고, 두발자전거를 몰고 집 근처 공원으로 향했다. 머리에 안전모를 쓰고, 손에 장갑을 끼고, 팔꿈치와 무릎에 보호대를 하는 것도 빼먹지 않았다.

▲ 나는 생일 선물로 받은 두발자전거를 몰고 집 근처에 공원으로 향하였다.

공원은 이른 시각이라 한산하였다. 사실 나는 네발자전거만 타 보았다. 그래서 [두발자전거를 타는 게 조금 겁이 났다. 그렇지만 용기를 내어 자전거 안장에 앉았다. [가슴이 콩닥콩닥 뛰었다.] 내가 땅에서 발을 떼고 페달을 밟은 순간, 자전거가 균형을 잃고 한쪽으로 쓰러졌다. 나도 자전거와 함께 넘어졌다. 마침 지나가던 아저씨가, 아저씨와 눈이 딱 마주쳤다.

"얘, 너 괜찮니?"

[나는 얼굴이 붉어졌다. 너무 창피해서 쥐구멍에라도 숨고 싶었다.] 나는 아무렇지 않은 척하며 다시 자전거에 올라탔다. 그러나 균형을 잡지 못하고 또 넘어지고 말았다. 나는 자전거와 함께 넘어지고 일어서기를 반복하였다. 어느새 이마에는 송골송골 땀방울이 맺혔고 팔과 다리도 아팠다. [하지만] 포기하고 싶지 않았다. 넘어질수록 오기가 생겼다.

▲ 나는 자전거와 함께 넘어지고 일어서기를 반복했다.

그때 저 멀리서 나를 부르는 소리가 들렸다. 바로 아빠였다. 아침 일찍 외출 하셨던 아빠가 내가 두발자전거를 연습하러 혼자 나간 걸 알고 공원으로 나를 만나러 오신 것이었다. 나는 아빠에게 뛰어가서 품에 안겼다. [그리고 아빠에게 속상한 마음을 털어놓았다.] 아빠는 그런 나를 위로해 주셨다.

"여울아, 처음부터 두발자전거를 잘 타는 사람은 없어. 우리 자전거 타는 연습 해 볼까?"

아빠는 먼저 자전거 안장의 높이를 나에게 맞게 낮춰 주셨다. 그래야 양쪽 발이 바닥에 닿았다. 그리고 자전거 뒷좌석을 손으로 꼭 잡아 주셨다. 아빠 덕 분에 나는 균형을 잡고, 앞으로 나아갈 수 있었다. 내 발이 움직임에 맞춰 자전거 바퀴가 빠르게 굴러갔다.

두 시간 후, 나는 아빠의 도움 없이도 혼자서 자전거를 탈 수 있게 되었다. [마치 내가 외줄 타기를 하는 곡예사가 된 기분이었다. 정말 짜릿하였다.]

▲ 아빠의 도움 덕분에 나는 자전거를 탈 수 있게 되었다.

그날 오후, 나는 아빠와 강변을 따라 조성된 자전거 도로를 달렸다. 솔솔 부 는 강바람이 정말 시원하였다. 나는 두발자전거를 배우면서 새로운 사실을 알 게 되었다. [무언가에 도전할 때는 두려움을 극복해야 한다는 것 말이다. 그리 고 실패했을 때 포기하지 않는 용기도 중요하다는 것을 깨달았다. 두발자전거 를 탈 수 있게 된 것처럼, 앞으로 힘든 일도 척척 해낼 수 있을 것 같다.]

▲ 나는 두발자전거를 탈 수 있게 된 것처럼, 앞으로 다른 일도 척척 해결할 수 있을 것 같 은 마음을 먹게 된다.

무엇해!
① 두발자전거 ② 아빠 ③ 용기

1 (2)○ **2** ⑤ **3** ①, ②, ④, ⑤, ③ **4** ④ **5** (3)○ **6** ②
7 예시 답안 참고

중심 내용 파악하기

1 이 글에는 '내'가 두발자전거를 혼자 탈 수 있게 되는 과정과 그에 대한 '나'의 생각과 느낌이 나타나 있다.

내용 파악하기

2 이 글의 '나'는 두발자전거를 선물로 받기 전에는 네발자전거만 타 보았다. 그래서 두발자전거를 처음 타는 게 조금 겁이 난다고 하였다.
① 나는 선물로 받은 두발자전거를 얼른 타고 싶었다.
② 주원에 집 근처 공원에서 아빠에게 자전거를 배웠다.
③ 이 글에서도 두발자전거를 아빠에게 배웠다는 사실만 알 수 있다.
④ '나'는 두발자전거를 이번에 처음 타 보았다.

일이 일어난 차례 알기

3 ① '나'는 토요일 아침에 날씨가 맑게 갠 것을 확인한다. ➡ ② 그래서 두발자전거를 끌고 집 근처 공원으로 간다. ➡ ④ 그러나 두발자전거의 균형을 잡지 못해 계속 넘어진다. ➡ ⑤ 마침 아빠가 오셔서 두발자전거의 뒷좌석을 손으로 꼭 잡아 주신다. ➡ ③ 마침내 자전거를 타게 된 '나'는 아빠와 함께 자전거 도로에서 자전거를 타게 된다.

생각이나 느낌 파악하기

4 '나'는 두발자전거와 함께 넘어지고 일어서기를 반복하였다. 하지만 포기하고 싶지 않았고, 넘어질수록 오기가 생겼다.

감상하기

5 이 글은 자기 경험을 사건의 흐름에 따라 구체적으로 생생하게 전달하는 생활문이다. 두발자전거를 타게 된 경험과 그것을 통해 깨달은 점이 잘 드러나 있다. 그러나 두발자전거를 타는 방법과 두발자전거를 탈 때 주의할 점에 대한 설명은 나타나 있지 않다.

내용 추론하기

6 '나'는 포기하고 싶은 순간에 아빠의 응원을 받고 힘을 내 두발자전거를 혼자 잘 타게 된다. 그러므로 '나'는 보기의 친구에게 따뜻한 위로를 건네며 용기를 내어 다시 도전해 보라고 권할 것이다.

7 예시 답안
・기억에 남는 경험: 오랫동안 연습한 끝에 배영을 할 수 있게 된 일.
・그 경험에서 얻은 생각이나 느낌: 배영을 잘할 수 있게 되어 뿌듯하고 기뻤다. 불가능은 없다는 것을 깨달았다.

(XD)	경험한 일과 생각이나 느낌을 구체적으로 썼습니다.
(:))	경험한 일과 생각이나 느낌 중에서 한 가지만 구체적으로 썼습니다.
(:()	경험한 일과 생각이나 느낌 모두 구체적으로 쓰지 못했습니다.

06
시적 허용

- 시의 중심 글감에 ○
- 시적 허용이 나타난 부분에 〰
- 주제가 드러난 연에 [ ]

★ 새로 알게 된 낱말이나 어려운 낱말을 써 보세요.

_____

_____

_____

★ 내가 표시한 내용과 예시 답을 비교하며 읽어 보세요.

가 컴퍼스

중심 글감: 동그라미

1연
동그라미
'동그라미' 동심원을 연상
크기가 달라도

▲ 컴퍼스로 동그라미를 그리면, 크기가 달라도 동그란 모양은 일정하다.

2연
동그라미
동글동글 동그라미
여러 바퀴를 돌아도

▲ 컴퍼스로 동그라미를 그리면, 여러 바퀴를 돌려도 여전히 동그랗다.

3연
시작은 언제나
한 발로
땅을 쿡 찔러 딛는 일

▲ 컴퍼스로 동그라미를 그리려면, 먼저 컴퍼스의 한 다리가 종이 위에 고정되어야 한다.

4연
다른 발을 뻗을 때
쓰러지지 않도록

▲ 벌어진 다리는 바깥쪽으로 뻗어 있다. 벌어진 다리는 고정된 다리 덕분에 쓰러지지 않는다.

5연
[기우뚱 서 있는
주제가 드러난 연
한 발을
믿어 주는 일]

▲ 컴퍼스의 두 다리가 서로 의지하는 것처럼, 서로 믿어 주는 것이 중요하다.

나 가을 하늘 2

1연
"툭—"
튕겨 보고 싶은

▲ 가을 하늘을 바라보니, 가을 하늘을 손가락으로 툭 튕겨 보고 싶은 마음이 든다.

2연
"쭉—"
그어 보고 싶은

▲ 가을 하늘을 바라보니, 가을 하늘을 손가락으로 쭉 그어 보고 싶은 마음이 든다.

3연
"와—"
외쳐 보고 싶은

▲ 가을 하늘을 바라보니, 와 하고 외쳐 보고 싶은 마음이 든다.

4연
"퐁—당"
뛰어들고 싶은

▲ 가을 하늘을 바라보니, 가을 하늘 속으로 풍덩 뛰어들고 싶은 마음이 든다.

5연
그러나
주제가 드러난 연
[마인 먼
인의 시적 허용
가을 하늘]
중심 글감

▲ 그러나 가을 하늘은 저 멀리에 있다. 손에 닿을 수 없어 가을 하늘은 더 아름답다.

재쫌해기

① 컴퍼스 ② 발 ③ 동그라미 ④ 그어 ⑤ 멀리

1 (4)○ **2** ① **3** 동그라미 **4** ④ **5** ② **6** 수정
7 예시 답안 참고

 이해

중심 글감 파악하기

1 컴퍼스는 원 모양을 그리는 데 쓰이는 제도 기구이다.

중심 내용 파악하기

2 시 **가**는 가을에 바라본 하늘의 아름다움을 다양한 흉내 내는 말을 사용하여 표현한 시이다.
② 4연에서 가을 하늘에 뛰어들고 싶다고 했으나, 수영하지는 않았다.
③ 1연에서 손으로 훑겨 보고 싶은 것은 가을 하늘이다.
④ 2연에서 손으로 그어 보고 싶은 것은 가을 하늘이다.
⑤ 3연에서 실제로 소리를 외친 것이 아니라, 소리를 외치고 싶을 만큼 가을 하늘이 아름다웠다는 것을 이야기하고 있다.

 적용

낱말 파악하기

3 ㉠의 '동그스름하다'는 동그라미를 일부러 틀리게 표현한 것으로, 시에 재미를 더하는 시적 허용이다. 사전에서 낱말을 찾을 때는 '동그라미'로 찾아야 한다.

낱말의 쓰임 파악하기

4 ⓒ '며안'은 맞춤법에 맞지 않는 낱말로(②), '떤'을 늘려서 쓴 것이다.(①) 시에서만 특별하게 쓰는 표현으로 시적 허용이라 볼 수 있다.(③) '떤'은 '떨다'의 활용형으로 국어사전에서 뜻을 찾을 때는 '떨다'로 찾아야 한다.(⑤) 맞춤법에 어긋나게 표현한 것이라 볼 수 없다.

적용하기

5 시 **내**는 아름다운 가을 하늘을 보고 느낀 감상을 표현하고 있다. 이와 비슷한 경험은 ② '저 멀리 하늘에 뜬 무지개를 바라보며 아름다움을 느낀 일'이다.

추론하기

6 시 **가**는 컴퍼스를 의인화하여 표현한 시이다. '가우뚱 서 있는 / 한 발을 / 반여 주는 일'은 컴퍼스의 두 다리를 벌리고 동그라미를 그리는 과정을 표현한 것이다. 그러므로 연필이 아닌 고정된 컴퍼스 다리가 벌어진 컴퍼스 다리에게 가져야 할 마음이라 볼 수 있다.

 생각 넓히기

7 예시 답안

• 꼬집꼬집 순메 문은 → 꼬오집꼬오집 순메 문은
• 살랑살랑 꼬리치며 반기는 → 사알랑사알랑 꼬리치며 반기는

><͡	밑줄 친 두 곳의 맞춤법이나 띄어쓰기를 일부러 틀리게 써서 시에 재미나 감동을 더 하였습니다.
:)	밑줄 친 곳 중 한 곳만 맞춤법이나 띄어쓰기를 일부러 틀리게 써서 시에 재미나 감동을 더 하였습니다.
:(	밑줄 친 두 곳 모두 맞춤법이나 띄어쓰기를 일부러 틀리게 쓰지 못하고, 시에 재미나 감동을 더하지 못하였습니다.

07

배경지식 활용하여 읽기

3회독 + 내가 표시한 내용과에서 답을 비교하며 읽어 보세요.

돈을 어떻게 모을까?

사람들은 좋은 옷을 입고, 비싼 음식도 먹고, 좋은 집에 살고 싶어 해요. 그런 곳에 여행을 가고, 좋은 차도 사고 싶어 하고요. 그런데 이런 일을 하기 위해서는 '돈'이 필요해요. 돈, 어떻게 하면 모을 수 있을까요?

▶ 무언가를 사기 위해서는 돈이 필요해요.

돈을 모으는 대표적인 방법으로는 (저축과 투자)가 있어요. 우선 저축은 돈을 모으기 위해 쓸데없는 지출을 줄이고 그 돈을 모아서 저금하는 거예요. 예를 들어 오늘 1,000원짜리 아이스크림을 사 먹고 싶지만 참고 모아 두어요. 오늘 1,000원, 내일 1,000원이 모이면 돈이 점점 많은 돈이 되죠. 이런 저축은 주로 은행에서 하는데, 은행에 저축할 경우에는 내가 맡긴 돈보다 돈을 더 받을 수 있어요. 이렇게 더 받을 수 있는 돈을 '이자'라고 해요. 이자는 은행에 따라, 저축 상품에 따라 달라지기도 해요.

▶ 돈을 모으는 방법으로는 저축과 투자가 있고, 저축은 돈을 모아서 저금하는 것이에요.

그렇다면 은행은 어떻게 이자를 줄 수 있는 걸까요? 그건 은행이 돈을 맡긴 저축을 받기도 하지만, 돈을 빌려주는 대출도 하기 때문이에요. 은행이 저축을 받은 돈한 사람의 돈을 대신 다른 사람에게 빌려주고, 그 돈을 빌려주는 이자를 받는 거예요. 그럼 그 이자를 저축한 사람에게도 일부 돌려줄 수 있어요. 따라서 은행에 저축하면 내가 맡긴 돈뿐만 아니라 이자도 받을 수 있기 때문에 목돈을 안전하게 모으게 돼요.

▶ 저축하면 이자를 받고, 돈도 안전하게 모을 수 있어요.

돈을 모으는 방법 중 다른 하나인 투자는 나중에 자신에게 돌아올 이익을 기대하며 공장, 기계, 전문이나 원료, 제품 등에 돈을 들이는 것을 말해요. 저축으로 받는 이자보다 더 많은 이익을 얻기 위해서 금이 나 은 같은 귀금속은 가격이 늘 같지 않아요. 따라서 쌀 때 사서 비쌀 때 팔면 돈을 벌 수 있어요. 이렇게 귀금속과 같은 물건에 투자할 수도 있고, 금융 상품에 투자할 수도 있어요.

▶ 투자는 나중에 돈을 이익을 기대하며 공장 등에 돈을 들이는 것이에요.

대표적인 투자의 주는 증서로 내가 직접 투자하는 방법이에요. 반면 펀드는 나와 다른 사람들이 돈을 전문가에게 맡겨서 전문가가 대신 주식에 투자해 돈을 벌어요. 회사가 잘 되어서 이익이 생기면 당연히 주식이나 펀드를 가지고 있는 사람도 돈을 벌게 돼요. 이런 투자는 저축보다 더 많은 이익을 기대할 수 있어요. 하지만 저축에 비해 돈을 잃을 위험이 크다는 부담도 있어요.

▶ 투자의 금융 상품으로 주식과 펀드가 있는데, 투자는 저축보다 더 많은 이익을 기대할 수 있지만, 돈을 잃을 위험이 많아요.

[따라서 돈을 모으고자 할 때, 저축과 투자 중 어떤 방법이 자신에게 맞는 지 생각해 보아야 해요. 그러면 자신이 가지고 있는 돈을 효과적으로 모으거나 늘릴 수 있어요.]

▶ 돈을 모으고자 할 때는 저축과 투자 중 맞는 방법을 생각해야 해요.

주제 확인!

① 이자 ② 주식 ③ 펀드

• 설명하는 대상에 ○

• 알게 된 배경지식에 ～

• 이 글의 중심 내용에 [ ]

★ 새로 알게 된 낱말이나 어려운 낱말을 써 보세요.

1 저축, 투자 **2** 이자 **3** ⑤ **4** (1) ③ (2) ① (3) ④ (4) ②
5 (1) ○ **6** 예시 답안 참고

설명 대상 파악하기

1 2문단에서 돈을 모으는 대표적인 방법으로 저축과 투자가 있다고 설명하고 있다.
- 금융: 경제에서 필요한 돈을 공급하는 활동을 말한다.
- 대출: 은행에 이자를 내고 돈을 빌리는 것을 말한다.

세부 내용 파악하기

2 '이자'는 저축한 사람의 돈을 다른 사람에게 빌려주고, 그 돈을 빌려주는 대가로 받는 것이다. 그래서 내가 맡긴 돈보다 더 받을 수 있는 돈이다. '이자'는 은행에 따라, 저축 상품에 따라 받을 수 있는 돈이 달라진다.

배경지식 파악하기

3 이 글은 돈을 모으는 대표적인 방법으로 저축과 투자에 대해 설명하고 있다. 따라서 저축과 투자의 비슷한 점과 다른 점이 무엇인지에 대한 배경지식이 있다면 글을 쉽게 이해할 수 있다.

배경지식 파악하기

4 (1) 주식은 회사에 투자한 사람에게 주는 증서로 직접 투자하는 것이다.
(2) 저축은 돈을 모으기 위해 지출을 줄이고 모아서 저금하는 것이다.
(3) 펀드는 돈을 전문가에게 맡겨 전문가가 대신 주식에 투자하는 것이다.
(4) 투자는 이익을 기대하며 공장, 기계나 제품 등에 돈을 들이는 것이다.

내용 적용하기

5 회사가 이익이 생기면 주식을 가진 사람은 그 이익을 얻을 수 있다. 하지만 회사가 손해를 보다면 주식을 가진 사람은 돈을 잃을 수도 있다. 그래서 주식에 투자할 때는 위험 부담이 있으니 조심해야겠다고 말한 (1)의 반응이 알맞다.

(2) 주식을 무조건 사지 않는 것보다는 회사의 정보를 꼼꼼이 살펴보고 사는 것이 더 중요하다.

(3) 주식으로 이익을 얻을 수도 있지만, 손해를 볼 때도 있다. 따라서 매번 이익을 얻는다고 볼 수 없다.

6 예시 답안

저축하는 방법

올바르게 돈을 사용하려면 저축하는 습관을 길러야 한다. 저축은 어떻게 해야 할까?

먼저 용돈 기입장에 돈이 들어오고 나가는 것을 적는다. 그다음 남는 돈을 저축 통장에 저금하여 돈이 얼마나 모이는지 확인한다.

이렇게 저축하면 돈을 계획적으로 쓸 수 있다.

(X)	주어진 배경지식을 바탕으로 설명하는 글을 알맞게 완성하였습니다.
(:|)	주어진 배경지식을 바탕으로 글을 썼으나, 설명이 부족하였습니다.
(:( )	주어진 배경지식을 바탕으로 설명하는 글을 완성하지 못하였습니다.

08

글 속의 지시·접속 표현

- 설명하는 대상에 ◯
- 지시 표현과 접속 표현에 ◠◠
- 자연 선택의 결과에 [　]

동물들이 봄을 살아남기

★ 내가 표시한 내용과 예시 답을 비교하며 읽어 보세요.

3회독

동물들이 봄을 살아남기

자연의 세계는 오랜 기간 조금씩 변화해 왔어요. 공기도, 온도도, 땅의 모양도. 동물들 역시 이러한 자연의 변화에 발맞춰서 변화했어요. 그래야 살아남을 수 있었기 때문이에요. 이처럼 환경의 적응한 동물이 자기 자손을 남기는 것을 가리켜 '자연 선택'이라고 해요.

▲ 환경에 적응한 동물이 살아남아 자손을 남겼고, 이를 자연 선택이라고 해요.

자연 선택을 처음으로 이야기한 사람은 과학자 다윈이에요. 다윈은 자연 선택을 생물이 진화하는 원리로 꼽았어요. 예를 들어 많은 수의 기린이 태어났을 때, 기린의 목 길이는 다양하였어요. 하지만 기린들이 먹는 나무 잎사귀는 그 양이 정해져 있어서, [높은 나무의 잎사귀까지 뜯어먹을 수 있는 목이 긴 기린들만 살아남게 되었어요.] 자연이 목이 긴 기린들을 선택한 것이에요.

이 과정이 오랫동안 계속되어 기린의 목이 지금처럼 길어졌다고 생각하는 것이 바로 자연 선택이에요.

▲ 자연 선택을 처음 이야기한 것은 다윈으로, 목이 긴 기린이 살아남는 것을 예로 들 수 있었어요.

자연 선택의 예는 여러 동물에서 찾아볼 수 있는데, 대표적인 동물이 바로 갈라파고스핀치예요. 남아메리카의 갈라파고스 제도에 사는 새인 갈라파고스핀치는 먹이의 종류에 따라 부리가 여러 모양으로 진화하였어요. 같은 종류의 새인데도 자신들이 사는 섬에 많은 먹이의 종류에 따라 부리 모양이 달라진 것이에요. [씨앗이 많은 섬에 사는 갈라파고스핀치는 이것을 깨기 위해 튼튼하고 두꺼운 부리를 갖는 것이 이로웠어요. 그러나 곤충이 많은 섬에 사는 갈라파고스핀치는 곤충을 잡기 위해 길고 가느다란 부리가 더 편리하였어요.]

▲ 자연 선택으로 갈라파고스핀치의 부리 모양이 달라졌어요.

또한 회색가지나방이라는 곤충이 생태에서도 자연 선택을 찾아볼 수 있어요. 영국에 사는 회색가지나방은 원래 밝은색과 어두운색 등 색이 다양하였어요. 그런데 산업이 발달하며 공장이 많이 생기고 환경 오염이 심해지자, 나무들의 색도 점점 변했어요. 회색가지나방은 밝은색 회색가지나방은 눈에 띄기 쉬워 살아남기 힘들었어요. [그 결과 어두운색 회색가지나방들이 많아지게 되었어요.]

▲ 자연 선택으로 어두운 회색가지나방들이 많아졌어요.

이처럼 동물들은 자신이 사는 자연과 떼려야 뗄 수 없는 관계에 있어요. 동물에게 자연은 삶의 터전이 되어 주기 때문이에요. 그래서 먹이를 더 잘 먹을 수 있는 기다란 목과 알맞은 부리를 갖고, 천적으로부터 더 안전한 색을 갖게 되었어요. 이러한 노력 덕분에 살아남은 동물들은 자손을 남길 수 있었어요. 앞으로도 쭉 지구상의 동물이 살아가는 한 계속될 거예요.

▲ 동물들은 자연 선택 덕분에 살아남아 자손을 남길 수 있었어요.

★ 새로 알게 된 낱말이나 어려운 낱말을 써 보세요.

구조 읽기

1. 자연 선택　2. 목　3. 부리　4. 어두운

① '그러나'는 앞의 내용과 뒤의 내용이 상반될 때 쓰는 말이다.
② '그리고'는 낱말이나 문장을 나란히 연결할 때 쓰는 말이다.
③ '하지만'은 서로 일치하지 아니하거나 상반되는 사실을 나타내는 두 문장을 이어 줄 때 쓰는 말이다.
⑤ '그렇지만'은 앞의 내용을 인정하면서 앞의 내용과 뒤의 내용이 대립될 때 쓰는 말이다.

내용 추론하기

5 보기는 살충제를 뿌리는 환경에서 살아남은 해충들이 자손을 남기게 되었다는 내용이 글이다. 따라서 살충제에 살아남은 해충이 자연 선택되었다고 볼 수 있다.

6 예시 답안 우리 동네에는 오래된 놀이터가 하나 있었다. 하지만 그 놀이터가 곧 없어진다고 한다.

:D	지시 표현과 접속 표현을 모두 넣어 글을 썼습니다.
:|	지시 표현과 접속 표현 중 하나만 넣어 글을 썼습니다.
:(	지시 표현과 접속 표현을 넣어 글을 쓰지 못했습니다.

58~59쪽

1 ① **2** ① **3** (1)○ (2)○ **4** ④ **5** (1)○ **6** 예시 답안 참고

설명 대상 파악하기

1 이 글은 자연에 적응한 동물만 살아남는다는 '자연 선택'에 대해 설명하고 있다.

세부 내용 파악하기

2 '기린의 목 길이', '화색가지나방의 색', '갈라파고스핀치의 부리' 모두 자연 선택에 의해 볼 수 있다. 이 글에서 정해진 잎사귀를 보호하기 위해 키가 커진 나무에는 나오지 않았다.

지시·접속 표현 파악하기

3 (1) ㉠ '그'는 '기린들이 먹는 나무 잎사귀'를 가리키는 말이다.
(2) ㉡ '이'는 '자연이 목이 긴 기린들을 선택한 것이에요.'를 가리키는 말이다.
(3) ㉢ '이것'은 '씨앗'을 가리키는 말이다.
(4) ㉣ '그'는 밝은색 화색가지나방이 천적들의 눈에 띄기 쉬워 살아남기 힘들었어요.'를 가리키는 말이다.

지시·접속 표현 파악하기

4 ㉠의 앞 문장에는 '동물에게 자연은 삶의 터전이 되어' 준다는 원인이 드러나 있고, ㉠의 뒤 문장에는 그런 자연에 적응하기 위해 자연 선택을 한 동물들이 제시되어 있다. 따라서 ㉠에는 앞의 내용이 뒤의 내용의 원인, 근거, 조건이 될 때 쓰는 말인 '그래서'가 들어가기 알맞다.

09 사건과 복선

사건과 복선

- 이야기의 중심 글감에 ○
- 복선이 되는 인물의 말이나 행동에 ∼
- 이야기에서 일어난 사건에 [ ]

이상한 무인 문구점

★ 내가 표시한 내용과 예시 답을 비교하며 읽어 보세요.

"이건 뭐야? 늘었다 줄었다 친구 컴퍼스?"

반짝이는 은빛의 중심축에, 유리처럼 투명하고 않은 집이 꽂혀 있는 컴퍼스였다. 회전 나사가 있는 부분에는 아까 동물을 하고 환하게 웃는 세 친구의 모습이 그려져 있었다. 행복해 보이는 그 얼굴이 부러워서 주원이는 한참 동안 눈을 떼지 못했다.

ㅡ 그게 마음에 들어?

"아이고, 깜짝이야!" / 주원이는 뒤로 자빠질 뻔했다.

'무인 문구점이라면서, 이건 누구 목소리지?'

ㅡ 자네, 물건 보는 눈이 있구먼. '늘었다 줄었다 친구 컴퍼스'로 말할 것 같으면, 300년간 연금술을 연구한 고대의 연금술사가 만들어 낸 순은에, 불과 대장장이의 신 헤파이스토스가 800도의 화덕에서 만들어 낸 신선임의 바늘을 꽂은 것으로……

주원이는 무인 문구점에 달린 스피커를 찾아보았지만, 스피커와 대화하고 싶은 마음은 들지 않았다.

(중략)

▲ 주원이는 무인 문구점에서 늘었다 줄었다 친구 컴퍼스를 발견하였다.

주원이는 이제 확실하게 깨달았다. 이건 친구를 만들어 주는 요술 컴퍼스였다. 컴퍼스로 원을 그리고 그 안에 친구 이름을 적어 넣으면, 그 친구의 호감을 얻을 수 있었다.

컴퍼스 나사를 힘껏세게 풀어 원을 더 크게 그리면, 더 많은 친구의 이름을 적어 넣을 수 있었다. 주원이는 스케치북 한 권을 다 써서 반 친구들 전체의 이름을 컴퍼스 원 안에 집어넣었다.

"주원이가 점심 같이 먹을래?" / "주원이가 집에 같이 가자!"

이상한 무인 문구점

[주원이는 순식간에 학교에서 가장 인기 있는 아이가 되었다.] 언제나, 어딜 가나, 항상 친구들에게 둘러싸였다. 하교가 끝난 후에도 다른 주원이를 자기 집에 부르거나, 아니면 주원이네 집에 놀러 오고 싶다고 난리였다.

▲ 주원이는 요술 컴퍼스 덕분에 학교에서 가장 인기 있는 아이가 되었다.

인기가 많아지자, 마냥 행복할 줄 알았는데 주원이는 요술 컴퍼스의 작동이 있었다.

"주원아, 이제 나랑 집에 가기로 해 놓고, 왜 재랑 갔어?"

"축구 할 건데, 주원이 넌 우리랑 팀 할 거지?"

친구들끼리 자신을 두고 서로 시기하고 질투할 때, 주원이는 어느 한쪽의 편을 들어줄 수 없어 난처했다.

"아까, 주원이 머리 모양이 바뀌었네? 좋아하는 음식은?"

"주원아, 너 혈액형이 뭐야? 머리 어디서 잘라?"

친구들이 지나치게 관심을 보이는 것도 부담스러웠다. 수업 시간에도 고개를 한 번 까닥거리기만 해도 48개의 눈이 뚫어져라 쳐다보니, 이건 뭐 감옥에 간 한 기분이었다. (중략)

▲ 주원이는 친구들의 지나친 관심이 부담스럽고, 감옥에 갇힌 기분이 들었다.

"이건 진짜가 아니야!"

[주원이는 컴퍼스를 잡고 힘을 주었다. 첫 먹던 힘까지 전부 짜냈다. 둔탁한 소리와 함께 컴퍼스가 부러지는 순간,] 주원이는 답답했던 속이 뻥 뚫리는 느낌이었다.

▲ 컴퍼스로 만든 친구도 진짜가 아니라며 주원이가 컴퍼스를 부러뜨렸다.

주제 읽기

① 컴퍼스 ② 인기 ③ 감옥 ④ 진짜

★ 새로 알게 된 낱말이나
어려운 낱말을 써 보세요.

_____

_____

_____

_____

64-65쪽

1 ⑤ **2** (1)② (2)① **3** ⑤ **4** (2)○ **5** ③ **6** ②
7 예시 답안 참고

중심 글감 파악하기

1 회전 나사가 있는 부분에는 어깨동무하고 환하게 웃고 있는 세 친구의 모습이 그려져 있다.

인물의 마음 변화 파악하기

2 주원이는 무인 문구점에서 컴퓨로스에 그려진 친구들의 모습을 보며 부러움을 느낀다. 그러나 컴퓨로스가 만들어 준 친구는 진짜가 아니라는 것을 깨닫고 컴퓨로스를 부러뜨린 후 답답했던 속이 뻥 뚫리는 기분을 느낀다.

복선 파악하기

3 주원이는 친구들이 자신을 두고 시기하고 질투할 때, 어느 한쪽의 편을 들 어줄 수 없어 난처하였다. 따라서 주원이가 어느 한쪽의 편을 들어주었다는 내용은 알맞지 않다.

복선 파악하기

4 주원이는 친구들의 지나친 관심으로 인해 감옥에 있는 것 같은 기분을 느 낀다. 결국 주원이는 친구를 만들어 주는 요술 컴퓨로스를 부러뜨린다.

생략된 내용 추론하기

5 주원이는 컴퓨로스로 원을 그리고 그 안에 친구 이름을 적어 넣으면 그 친구의 호감을 얻을 수 있다고 하였다. 따라서 ㉮ 앞에서 주원이가 우연히 컴퓨로스로 그린 원 안에 친구의 이름을 적었는데, 그 친구가 친근하게 다가오는 일을 경험하였을 것이다.

이야기별 내용 추론하기

6 컴퓨로스를 부러뜨린 주원이는 다시 인기 없는 아이가 된다. 그러나 여전히 친구가 갖고 싶다. 이전에는 요술 컴퓨로스의 도움으로 인기가 많아졌지만, 이번에는 진짜 친구를 만들기 위해 스스로 노력하게 될 것이다.
① 주원이가 컴퓨로스를 부러뜨린 것은 컴퓨로스로 얻은 친구는 진짜가 아니라는 것을 깨달았기 때문이다. 따라서 무인 문구점에 가서 다시 컴퓨로스를 사지 않을 것임을 알 수 있다.

7 예시 답안

- 이어질 사건: 쿠키를 먹자, 한 번 본 건 모조리 기억하게 되었다. 나는 학원 시험에서 만점을 맞았다. 그런데 쿠키 때문에 너무 많은 걸 기억하게 되어 머리가 아팠다. 결국 나는 쿠키를 쓰레기통에 모두 버렸다.

복선을 활용하여 이야기를 흥미롭게 꾸며 썼습니다.	
복선을 활용하였지만, 이야기를 어색하게 꾸며 썼습니다.	
복선을 활용하지 않고, 이야기를 어색하게 꾸며 썼습니다.	

3단계 B · 정답 및 해설 **21**

10 안내물의 특징

- 안내하는 행사 → 제목에 ○
- 세부 내용 → 세 가지에 ~
- 신청 방법과 가는 방법에 → [ ]

★ 새로 알게 된 낱말이나 어려운 낱말을 써 보세요.

3회독

초록 미술관 체험에 초대합니다

★ 내가 표시한 내용과 예시 답을 비교하며 읽어 보세요.

자연을 만나고 싶나요? 예술 작품을 감상하는 게 지루한가요? 그렇다면 초록 미술관에 놀러 오세요. 초록 미술관은 푸르른 숲속에 자리하고 있으며, 다양한 현대 미술 작품을 만날 수 있는 곳입니다. 미술관을 둘러선 자연과 신나게 놀며 상상력을 펼치면, 예술과 친해질 수 있습니다. 예술이 더는 어렵지 않습니다. 이번 초록 미술관에서는 '자연에서 놀기 체험' 행사를 준비하였습니다. 자세한 내용은 아래 안내문을 참고해 주세요.

▲ 초록 미술관은 푸르른 숲속에 자리하고 있으며, 다양한 현대 미술 작품을 만들 수 있는 곳이다.

자연에서 놀기 체험

□ 행사: 자연에서 놀기 체험

□ 목적: '자연에서 놀기 체험'은 미술·자연·놀이를 주제로 미술관 안과 바깥을 연결하는 활동입니다. 어린이들은 '빛, 바람, 흙, 나무, 열매'를 미술관 밖에서 직접 보고, 만지고, 냄새 맡고, 듣는 관찰 활동을 통해 자연과 만나게 됩니다. 또 미술관 안에서 '빛, 바람, 흙, 나무, 열매' 등이 표현된 그림과 사진 작품을 감상하며 예술과 한걸음 친해지게 됩니다.

▲ 자연에서 놀기 체험 행사의 목적 안내

□ 세부 내용

1. 자연 만나기: 미술관을 둘러선 숲에서 오감으로 자연을 느끼게 됩니다. 아이들이 직접 야외에 나가 햇볕을 쬐고, 흙을 밟고, 손으로 나뭇잎을 모으고, 크고 작은 열매도 주워 봅니다. 자연의 소리에도 귀 기울여 봅니다.

2. 미술관 풍경 감상하기: 미술관 바깥 풍경을 찍은 사진들을 감상합니다. 미술관 풍경을 고스란히 촬영한 30여 장의 사진을 대형 퍼즐로 만들었습니다. 어린이들이 직접 퍼즐을 맞추며 미술관 풍경을 감상하게 됩니다. 원하는 세계를 직접 정해 만들 수 있습니다. 그리고 내가 만든 미술관 풍경을 친구들이 만든 미술관 풍경과 연결하여 우리들의 미술관 풍경 이미지를 완성합니다.

3. 미술관 풍경 만들기: 나의 이야기가 담긴 미술관 풍경을 만들어 봅니다.

▲ 자연에서 놀기 체험의 세부 내용 안내

□ 기간: 20○○년 5월 4일 ~ 11월 30일, 오전 10 ~ 11시)

□ 장소: 초록 미술관

□ 신청 기간: 20○○년 4월 1 ~ 25일

□ 신청 방법: [초록 미술관 누리집]

□ 참가비: 무료

□ 준비물: 편안한 복장, 마실 물

□ 문의: 123-4567 (초록 미술관 교육팀)

□ 오시는 길: [지하철 4호선 대공원역 2번 출구 앞에서 코끼리 열차를 타고 오시면 됩니다. 대공원역 4번 출구 좌측 30미터 지점 정류장에서 셔틀버스를 타고 오실 수도 있습니다. 셔틀버스 요금은 무료이며, 20분 간격으로 운행합니다.]

▲ 자연에서 놀기 체험 신청과 참가에 관한 안내

① 미술 ② 안내문 ③ 장소

1 (2)○ **2** ③ **3** (1)③ (2)① (3)② **4** 여진 **5** 한웅

6 예시 답안 참고

글의 목적 파악하기

1 이 글은 미술관 체험 행사를 소개하고 그 행사에서 하는 일, 참가하는 방법 등에 관한 정보를 안내하는 글이다.

세부 내용 파악하기

2 아이들은 초록 미술관 밖에서 햇볕을 쬐고, 흙을 밟고, 나엽을 모으고, 열매를 직접 줍는 체험을 하게 된다. 그러나 미술관 주변 숲에서 어떤 열매가 자라느지는 알려 주지 않았다.

① '미술관 풍경 감상하기' 프로그램을 통해 미술관 풍경을 어떻게 감상하는지 알 수 있다.

② '오시는 길'에서 초록 미술관으로 가는 방법을 확인할 수 있다.

④ 행사에 대해 궁금한 점은 초록 미술관 교육팀에 전화해 물어보면 알 수 있다.

⑤ 신청 기간은 20○○년 4월 1일부터 25일까지이다.

안내문의 내용 파악하기

3 (1) 초록 미술관에서는 자연 만나기를 통해 야외에서 햇볕을 쬐고, 흙을 밟고, 나엽을 모으고 열매를 줍는 등의 활동을 할 수 있다.

(2) 미술관 풍경 감상하기를 통해 계절을 맞추며 미술관 풍경을 감상한다.

(3) 내가 직접 미술관 풍경을 만들어 볼 수 있다. 이 풍경은 친구들이 만든 풍경과 합쳐져 하나의 이미지로 연결된다.

안내문의 특징 파악하기

4 안내문은 다른 사람에게 소개하고 알려 주기 위한 글이라는 점에서 설명하는 글의 한 종류이다. 따라서 어떤 주제에 대한 글쓴이의 생각이나 주장은 드러나지 않는다.

감상하기

5 '자연에서 놀기 체험' 신청은 초록 미술관 누리집을 통해서 할 수 있다. 신청 방법을 직접 찾아내어졌다는 '한웅'이의 말은 알맞지 않다.

예시 답안

6 • 내용: 점토로 자기가 좋아하는 동물을 만들고 무감으로 칠하기.

• 준비물: 점토, 자기가 만들 동물의 사진

😄	쉬운 단어와 문장으로 내용과 준비물에 대해 알맞게 썼습니다.
🙂	쉬운 단어와 문장으로 글을 썼으나, 내용과 준비물 중에서 한 가지만 알맞게 썼습니다.
😐	쉬운 단어와 문장으로 글을 쓰지 못하였고, 내용과 준비물 모두 알맞게 쓰지 못 하였습니다.

11 시 속의 세계

- 시의 중심 글감에 ○
- 상상하여 표현한 부분에 ~~~
- 대상의 마음을 알 수 있는 부분에 [ ]

가 잠자리 쉼터

+ 내가 표시한 내용과 예시 답을 비교하며 읽어 보세요.

1연

순을 쭉 뻗어

검지를

하늘 가운데 세웠더니

(잠자리)가 앉았습니다.
중심 글감

▲ 검지를 세웠더니 잠자리 한 마리가 다가와 앉는 장면을 떠올릴 수 있다.

2연

내 손가락이
상상하여 표현한 부분

잠자리 쉼터가 되었습니다.

▲ 내 손가락이 잠자리 쉼터가 되어가는 쉼터처럼 느껴진다.

3연

[가만히 있었습니다.]
잠자리의 마음을 알 수 있는 부분

▲ 잠자리가 손가락에 앉아서 움직이지 않는 모습이 떠오른다.

4연

내가 나뭇가지가 되었습니다.

▲ 내 손가락이 잠자리가 쉬어 가는 나뭇가지가 된 것처럼 느껴진다.

★ 새롭게 알게 된 낱말이나
어려운 낱말을 써 보세요.

나 (따개비) 마을
중심 글감

1연

옹기종기 나지막한 집
상상하여 표현한 부분

다닥다닥 조그마한 집

▲ 조그마한 따개비들이 바위에 옹기종기 모여 붙어 있는 모습을 떠올릴 수 있다.

2연

아무도

안 사는 줄 알았는데

▲ 아무도 살지 않는 것처럼 따개비가 가만히 있는 모습을 떠올릴 수 있다.

3연

[물이 들어오니]
따개비의 마음을 알 수 있는 부분

여기저기 축수를 내미네

▲ 따개비들이 바닷물이 들어오자 축수를 내미는 모습을 떠올릴 수 있다.

4연

빈집 아니라는 듯

▲ 그 모습이 따개비 마을처럼 느껴진다.

구조 알기

① 잠자리 ② 쉼터 ③ 나뭇가지 ④ 집 ⑤ 축수 ⑥ 빈집

1 ③　**2** 딱따구리　**3** ③, ⑤　**4** 우산　**5** 우주　**6** 예시 답안 참고

중심 내용 파악하기

1 시 카는 잠자리에게 손가락을 빼어 준 일을 바탕으로 쓴 시이다.

시어의 의미 이해하기

2 시 내의 1~2연에는 딱따비 껍데기가 바위에 붙어 있는 모습이 나타난다. 3~4연에는 바닷물이 들어오자, 딱따비가 촉수를 내밀며 껍데기 밖으로 나오는 모습이 나타난다. 따라서 집이 의미하는 것은 '딱따비'이다.

시 속 세계 파악하기

3 말하는 이는 손가락에서 쉬고 있는 잠자리의 모습을 보고, 2연에서 내 손가락이 잠자리 쉼터가 되었다고 표현하였다. 4연에서 내가 나뭇가지가 되었다고 표현한 부분 역시 잠자리가 가만히 있는 모습을 보고 상상하여 표현한 것이다.

① 내가 하늘 위로 손가락을 뻗은 것은 현실 세계 속 모습이다.

② 잠자리가 손가락에 앉은 것은 현실 세계 속 모습이다.

④ 잠자리가 가만히 있는 것은 현실 세계 속 모습이다.

시 속 세계 파악하기

4 시 내는 바닷가의 바위 위에 딱따비들이 옹기종기 붙어 있는 현실 속 모습을 보고 상상력을 더해서 내의 시를 쓴 것이다.

감상하기

5 시 카의 잠자리는 손가락에서 가만히 앉아 있었으므로, 편안했을 거라는 '우주'의 말이 알맞다. 시 내의 딱따비는 바닷물이 들어오고 나가는 것에 맞춰 쉬기 때문에 바닷물을 느끼려고 촉수를 내밀어 기분이 좋았을 거라는 '우주'의 말이 알맞다.

6 예시 답안

파란 하늘을
둥실둥실
날아가는 거북

파란 바람을
살랑살랑
가르는 거북

하늘 거북

	현실 세계를 바탕으로 시 속 세계를 재미있게 상상하여 시를 썼습니다.
☺	현실 세계를 바탕으로 시 속 세계를 상상하였으나, 시로 표현하는 것이 부족하였습니다.
☹	현실 세계를 바탕으로 시 속 세계를 상상하지 못하였고, 시를 쓰지 못하였습니다.

12

글의 내용 전개 방식 - 차례

3 회독

★ 내가 표시한 내용과 다음과 같이 담긴 표 교야며 읽어 보세요.

소수림왕의 개혁

설명하는 대상

-  설명하는 대상에 ◯
-  차례를 나타내는 말에 △
- 제도를 개혁한 결과에 [ ]

소수림왕은 중국에서 들어온 불교를 나라의 정식 종교로 받아들입니다. 원래 고구려에서도 다양한 신을 모셨어요. 고구려를 세운 주몽만 봐도 알 수 있지요. 주몽의 아버지인 해모수는 하늘 신인 천제의 아들이고, 어머니인 유화는 강의 신 하백의 딸이에요. 또 고구려에는 귀족들이 전통적으로 모시는 신들도 따로 있어요.

▲ 소수림왕은 불교를 나라의 정식 종교로 받아들였어요

하지만 나라의 위기를 극복하기 위해서는 하나로 뭉쳐야 하잖아요. 소수림왕은 불교를 통해 사람들의 마음을 하나로 모으겠다는 계획을 세웠어요. 서로 다른 신을 믿는 것보다는 하나의 종교를 갖는 것이 사람들의 마음을 하나로 모으는 데 도움이 되니까요. 여기에서 더 나아가 소수림왕은 '왕은 곧 부처'라고 내세우면서 왕권을 훨씬 강화할 수 있었습니다.

▲ 소수림왕은 불교를 통해 왕권을 강화할 수 있었어요

그 다음에는 수도에 태학이라는 학교를 세웠어요. 태학은 유학을 가르치는 일종의 대학교예요. 유학에서는 나라에 충성하는 것을 중요하게 생각하거든요. 소수림왕은 태학을 세워서 나라를 위해 일할 인재를 직접 길러 내려 했던 것이죠.

▲ 소수림왕은 태학이라는 학교를 세웠어요

마지막으로는 율령을 반포해요. 율령이라는 말이 많이 어렵죠? 쉽게 말하면 나라를 다스리는 규칙과 법을 만들었다는 뜻이에요. 법을 통해 나라의 질서를 세운 것이죠. 이렇듯 소수림왕은 불교를 받아들이고, 태학을 세우고, 율령을 반포하는 등 다양한 개혁을 통해 혼란스러웠던 고구려를 안정시킵니다.

▲ 소수림왕은 율령을 반포해요

★ 새로 알게 된 낱말이나 어려운 낱말을 써 보세요.

소수림왕의 개혁은 금방 효과를 발휘합니다. 소수림왕이 다스리는 동안 고구려는 몇 차례에 걸쳐 배제를 공격해요. 나라의 혼란이 이어졌다면 절대 그러지 못했겠죠.

만약에 소수림왕이 아버지 고국원왕을 잃은 슬픔에 빠져 앞뒤 생각 없이 바로 배제를 공격했다면 고구려는 어떻게 되었을까요? 아마 회복할 수 없을 정도의 타격을 입었을지도 몰라요.

▲ 소수림왕의 개혁은 효과를 발휘해요

소수림왕은 아버지를 잃은 상황에서도 어떤 것이 나라를 위해 더 옳은 일인 가를 생각했어요. [제도 개혁으로 나라를 안정시킨 소수림왕은 고구려의 위기를 지혜롭게 극복하고 강력한 고구려를 만들어 낼 수 있었어요. 위기는 또 다른 기회라고도 하잖아요. 위기를 잘 넘기면 새로운 기회가 찾아오곤 하지요. 고구려도 마찬가지였어요. 위기를 성공적으로 벗어난 고구려는 곧 전성기를 맞이해요.]

▲ 소수림왕은 제도 개혁으로 고구려를 안정시키고 강력하게 만들었어요

정답 확인하기

① 왕권 ② 태학 ③ 위기

1 ① **2** ④ **3** ④ **4** ③, ②, ① **5** ⑤ **6** 수지
7 예시 답안 참고

 이해

설명하는 대상 파악하기

1 이 글은 고구려 소수림왕이 나라를 강하게 만들기 위해 개혁한 정책에 대해 설명하고 있다.

세부 내용 파악하기

2 6문단과 7문단에서 소수림왕은 아버지 고구려왕을 잃은 슬픔에도 바로 빠지를 공격하지 않고, 개혁부터 진행하여 나라를 안정시켰다는 내용을 확인할 수 있다.
① 1문단에서 소수림왕이 불교를 나라의 정식 종교로 받아들였음을 알 수 있다.
② 2문단에서 소수림왕이 '왕은 곧 부처'라고 내세우며 왕권을 강화했음을 알 수 있다.
③ 3문단에서 소수림왕이 수도에 태학이라는 학교를 세워 인재를 길렀음을 알 수 있다.
⑤ 2문단에서 소수림왕이 불교를 통해 사람들의 마음을 하나로 모으겠다는 계획을 세웠음을 알 수 있다.

차례를 나타내는 말 파악하기

3 '그다음'은 '그것에 뒤이어 오는 때나 자리.'라는 뜻으로 차례를 나타내는 말에 해당한다.

 적용

일이 일어난 차례 읽기

4 ③ 소수림왕은 먼저 불교를 나라의 정식 종교로 받아들인다. ➡ ② 그다음에는 수도에 태학이라는 학교를 세워 인재를 기른다. ➡ ① 마지막으로는 율령이라는 법을 만들어서 나라의 질서를 세운다. 차례를 나타내는 말을 따라가 보면 ③, ②, ①의 순서가 알맞다.

 편안

내용 적용하기

5 1, 2문단의 내용을 보아 고구려의 귀족들은 전통적으로 모시는 신들이 따로 있었고, 소수림왕은 이런 상황에서 불교를 나라의 정식 종교로 받아들인다. 소수림왕은 더 나아가 '왕은 곧 부처'라고 내세우며 왕권을 강화하였다고 하였다. 따라서 귀족들이 소수림왕을 적극적으로 지지하지 않기 때문에, 소수림왕이 불교를 통해 왕권을 강화하고자 했음을 짐작할 수 있다.
① 1문단에서 중국에서 들어온 불교를 나라의 정식 종교로 받아들였다고 하였다.
② 5문단에서 고구려는 백제를 몇 차례에 걸쳐 공격했다고 하였다.
③ 4문단에서 율령을 반포하여 나라를 다스리는 법과 규칙을 만들었다고 하였다.
④ 소수림왕은 나라가 위기일 때 왕이 되었다.

감상하기

6 소수림왕은 고구려가 위기에 빠지자, 이를 극복할 방법을 고민하고 적극적으로 실천하였다. 따라서 ㉮와 같은 생각을 가진 친구는 '수지'이다.

7 예시 답안
• 설명할 대상: 수박화채 만들기
• 차례에 따른 정리: 먼저 수박 속을 받아 그릇에 담는다. 그다음에 사이다와 우유, 레몬즙, 꿀을 넣고 잘 섞는다. 마지막으로 쉬운 재료를 수박 위에 뿌려 준다.

(^-^)	차례를 나타내는 낱말을 사용하여 차례대로 정리하여 글을 썼습니다.
(:|)	차례를 나타내는 낱말을 사용하지 못하였으나, 차례대로 정리하여 글을 썼습니다.
(:()	차례를 나타내는 낱말을 사용하지 못하였으며, 차례대로 정리하여 쓰지 못하였습니다.

13

글 속의
낱말 표현

- 이야기에서 일어난 일에 ○
- 잘못된 놈임 표현에 〰
- 인물의 마음이 드러난 부분에 [ ]

★ 새로 알게 된 낱말이나 어려운 낱말을 써 보세요.

---

3 회독 ★ 내가 표시한 내용과 교과서를 비교하며 읽어 보세요.

콩알콩 콩 사탕

"할머니, 엄마가 밥 먹으래."

동준이는 조르르 안방에 있는 할머니에게로 달려갔어요. 오랜만에 할머니가 오셔서 엄마가 불고기랑 잡채를 잔뜩 만들었거든요. 하지만 동준이는 맛있는 저녁을 먹기도 전에 야단만 배부르게 먹고 말았어요.

"제대로 안 쓰면 어떻게 하냐!'고 아빠에게도 꾸중을 들었고요. '평소에도 콩알콩을 제대로 안 쓰더니 언제까지 그럴 거냐?'며 엄마에게도 잔소리를 들었어요. [그 바람에 동준이는 저녁 내내 풀이 죽어 있었지요.]

▲ 할머니에게 콩알콩을 안 쓴 동준이는 아빠에게 꾸중을 듣고, 엄마에게 잔소리를 들었어요.

["아이고, 우리 동준이. 이 할미 때문에 야단맞아서 우째누. 밥도 제대로 못 먹고."]

할머니는 가방에서 부스럭부스럭 사탕을 하나 꺼내셨어요.

"자, 이건 이 할미가 어렸을 때 마법의 콩 사탕이란다. 이걸 먹으면 콩알 많이 술술 나온단다. 이걸 먹으면 콩알 많이 술술 나온단다고 하더라. 그래서 '콩알콩 콩 사탕'이라더구나. 이걸 하나 주마."

▲ 동준이는 할머니에게 '콩알콩 콩 사탕'을 받았어요

동준이는 할머니가 준 사탕을 얼른 입에 넣었어요. 콩알콩 콩 사탕이라는 걸 진짜 믿는 건 아니지만, 배가 고파 뭐든 먹고 싶었거든요.

그때였어요. 아빠가 동준이를 부르셨어요.

"동준아! 잠깐 와 보렴."

"네, 지금 갈게요."

[동준이는 깜짝 놀랐어요.] [평소 같으면 '응, 지금 가.'라고 했을 텐데, 놈임

많이 술술 나온 거예요. 놀란 건 동준이만이 아니었어요. [아빠도, 엄마도 깜짝 놀랐지요.]

"그래, 그렇게 놈임말 쓰니 얼마나 좋아! 기특하네, 우리 동준이."

[칭찬을 들은 동준이는 웃음이 났어요. 엄마에 다디단 사랑만큼 기분도 달콤했지요.] 그래서 놈임말이 술술 나왔어요.

"아빠, 칭찬해 주셔서 고마워요."

▲ 콩 사탕을 먹은 동준이는 놈임말이 술술 나와 칭찬을 받았어요.

그날 오후, 동준이는 아빠 몰래, 엄마 몰래 할머니에게 살짝 물었어요.

"할머니, 저 콩알콩 콩 사탕 더 주시면 안 돼요? 네?"

그러자 할머니는 빙긋 웃기만 하셨어요. 그러고는 좀 전에 준 것과 똑같은 사탕을 한 주먹 꺼내셨어요.

"호호, 마법의 콩알콩 콩 사탕은 없지만, 그냥 콩 사탕은 아주 많단다. 사실 아까도 그냥 콩 사탕이었어."

"네? 정말요?"

[할머니의 이야기에 동준이는 놀라 벌어진 입을 다물 수가 없었어요. 마법의 콩알콩 콩 사탕 없이 놈임말을 한 게 믿어지지 않았거든요.]

"우리 동준이가 혼자서 놈임말을 하게 된 거란다. 그러니 앞으로도 문제없이 이 할 수 있을 거야. 암, 할 수 있고 말고!"

[할머니는 동준이의 어깨를 다정하게 다독이며 '호호' 웃으셨어요.]

▲ 동준이는 '콩알콩 콩 사탕'이 그냥 콩 사탕이었다는 사실을 알고 깜짝 놀랐어요.

꼼꼼 읽기

① 콩알맘   ② 콩 사탕   ③ 그냥

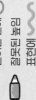

1 ④ **2** ⑤ **3** ④ **4** 하은 **5** ② **6** 예시 답안 참고

내용 이해하기

1 동준이는 '할머니에게 높임말을 제대로 안 쓰면 어떻게 하냐!'고 아빠에게 꾸중을 들었다.

내용 파악하기

2 할머니가 '이 할미 때문에 야단맞아서 우째노. 밥도 제대로 못 먹고.'라고 말하는 부분에서 자신 때문에 난 동준이를 안쓰러워하고 있음을 알 수 있다.

① 엄마가 동준이를 '평소에도 높임말을 제대로 안 쓰더니'라고 혼내는 것으로 보아 동준이는 평소에도 높임말을 잘 쓰지 않았음을 알 수 있다.

② 동준이는 '배가 고파 뭐든 먹고' 싶어서 할머니가 준 사탕을 얼른 입에 넣었다.

③ 할머니는 높임말을 더 사탕을 더 달라는 동준이에게 '좀 전에 준 것과 똑같은 사탕을 한 주 먹' 꺼내 주셨다.

④ 아빠는 높임말을 사용한 동준이에게 '기특하네. 우리 동준이'라고 칭찬해 주셨다.

높임 표현 파악하기

3 어른에게도 '밥'과 '먹다' 대신 '진지'와 '듣다'라는 높임이 뜻이 있는 낱말을 사용한다. 또한 문장을 끝맺는 말로 'ㅅ-'와 '-어요'를 넣어 사용하는 것이 좋다. 따라서 '할머니, 암마가 진지 드시래요.'가 알맞다.

높임 표현의 효과 파악하기

4 높임 표현은 말하는 이가 듣는 사람이나 가리키는 대상을 높일 때 사용한다. 따라서 어른에게 알맞은 높임 표현을 사용하면 존경의 마음을 드러낼 수 있다.

인물의 마음 짐작하기

5 동준이는 할머니께 높임말을 쓰지 않아 부모님께 혼이 나서 풀이 죽어 있었다. 그러나 높임말을 올바르게 쓴 뒤 칭찬은 듣고부터는 웃음이 나고 기분이 달콤했다. 하지만 할머니께서 주신 용 사탕이 마법의 사탕이 아닌 것을 알고 나서는 놀라 떨어진 입을 다물 수가 없었다. 그러므로 수상한 마음이 기쁜 마음으로 변하였고, 다시 놀라는 마음으로 변했음을 알 수 있다.

6 예시 답안 사랑하는 엄마께

엄마 생신 정말 축하드려요. 제 마음을 담아 작은 선물을 샀는데 마음에 드시나요? 저를 키워 주셔서 감사해요. 엄마 사랑해요.

다은 드림

😄	높임 표현을 알맞게 썼고, 웃어른을 존경하는 마음을 드러내었습니다.
🙂	높임 표현을 알맞게 쓰지 못하였으나, 웃어른을 존경하는 마음을 드러내었습니다.
☹	높임 표현을 알맞게 쓰지 못하였으며, 웃어른을 존경하는 마음을 드러내지 못하였습니다.

14

옛이야기의 교훈

3 회독 ★ 내가 표시한 내용과 예시 답변 비교하며 읽어 보세요.

떡 자루와 돈 자루

◆ 이야기에서 일어난 일에 ○
◆ 이야기의 교훈이 드러난 부분에 ﹏﹏
◆ 인물의 성격이 드러난 부분에 [ ]

★ 새로 알게 된 낱말이나 어려운 낱말을 써 보세요.

옛날에 돈 많은 부자 양반과 그 집에 머슴 사는 총각이 있었어. [부자는 돈 모으는 걸 낙으로 삼고 커다란 자루에 돈을 넣어 두고 허구한 날 돈만 들여다보고 싶었지. 돈 자루에 돈이 점점 붙어가는 것을 낙으로 삼고 돈만 들여다보면 '돈, 돈' 하고 눈만 떨어지면 돈 자루부터 찾고, 행여 누가 훔쳐갈세라 잘 때도 돈 자루를 베고 자고, 이러면서 살았지.]

▲ 부자는 돈 모으는 걸 낙으로 삼고 싶었어.

[이렇게 '돈, 돈' 하면서 사니까 자연이 인색할 수밖에 없지.] 한 푼이라도 아끼려고 별의별 짓을 다 해. 머슴에게 밥을 줄 때도 쌀이 아까우니까 강냉이로 떡을 만들어 주는데, 그것도 많이나 주나. 하루에 딱 세 개, 아침에 하나 점심에 하나 저녁에 하나씩 주고 말지. 더러 머슴이 몸이 아파서 일을 못 하는 날에도 그나마 안 줘.

▲ 인색한 부자 양반은 머슴에게 밥 대신 강냉이떡을 하루에 세 개 주었어.

이러니 머슴은 강냉이떡에 목을 매고 그저 그것 아니면 죽는 줄 알고 살았어. [부자가 돈 모으는 것처럼 강냉이떡을 모으는데, 끼니때마다 떡 부스러기 떨어지는 것을 주워서 볕에 바짝 말려 자루에다 넣어 뒀어.] 부자가 그러는 것처럼 떡 자루를 끼고 자고, 눈만 떨어지면 떡 자루를 들여다보면서 차츰 잘 때도 떡 자루를 끼고 자고, 눈만 떨어지면 떡 부스러기가 점점 모이는 걸 낙으로 삼고 싶었지.

▲ 머슴은 떡 부스러기가 모이는 걸 낙으로 삼고 싶었어.

[부자는 머슴이 떡 부스러기를 모으는 것을 보고 박장대소를 하면서 비웃기를,

"이 어리석은 놈아, 그깟 떡 부스러기를 모아서 어디에 쓰겠다는 거냐? 그 것 한 자루 다 채워야 돈 한 푼만 하겠느냐?"]

하지. 그러나 마나 머슴은 떡 부스러기를 모아서 한 자루를 다 채웠어.

▲ 머슴은 떡 부스러기를 모아서 한 자루를 다 채웠어.

그런데 그해 여름에 비가 참 많이 왔어. 많이 와도 이만저만 온 게 아니고 아주 하늘에 구멍이 뚫린 것처럼 왔어. 한 달 이태를 내리 비가 쏟아붓는데, 처음에는 논밭에 물이 점점 붙더니 다음에는 길이 잠기고 그다음에는 집이 붙에 잠겼어. 이렇게 되니 온 동네 사람들이 선덕대기로 피난을 갔지. 물을 피해 산으로 올라가는 사람이 집을 떼메고 갈 수가 있나? 집집마다 제일 귀한 것 하나씩만 떼고 피난을 갔지. 부자와 머슴도 피난을 갔느데,

▲ 부자는 돈 자루가 제일 귀하니까 돈 자루를 짊어지고 갔어.

일 귀하니까 돈 자루를 짊어졌지. 머슴은 떡 자루를 짊어지고 갔어.

▲ 부자는 돈 자루를, 머슴은 떡 자루를 짊어지고 선덕대기로 피난을 갔어.

비가 많이 오자, 부자는 돈 자루를 머슴은 떡 자루를 짊어지고 선덕대기에 올라가서 자리를 잡고 앉았는데, 하루 이틀이 지나도 물이 줄어들 기미가 안 보여. 사흘 나흘이 지나도 그대로야. 그러니 당장 급한 게 먹을 것이지. / (중략)

부자가 돈 자루를 통째로 머슴에게 갖다 안기면서 싹싹 빌었어.

"아이고, 에야. 이 돈 자루 다 줄 테니 제발 그 떡 부스러기 한 줌만 다오."

그제야 머슴이 옳지 하는 마음으로 돈 자루를 받고 떡 부스러기를 집어 주더래. 부자는 애지중지하던 돈 자루를, 제 입으로 돈 한 푼보다 못하다고 한 떡 부스러기 한 줌하고 바꿨어.

▲ 부자는 머슴에게 사정하여 돈 자루를 떡 부스러기 한 줌하고 바꿨어.

퀴즈 풀기

① 옛날　② 돈　③ 떡 자루　④ 돈 자루

1 (1) ○　**2** ⑤　**3** (2) ○　**4** ②　**5** ①　**6** ④　**7** 예시 답안 참고

중심 인물 파악하기

1 (1) 본문으로 보아 부자는 자루에 돈을 모으는 것을 낙으로 삼고 살았음을 알 수 있다.

(2) 부자는 마을에게 밥을 주는 것도 아까워서 강냉이떡을 하루에 딱 세 개씩 주었다.

(3) 마음은 피난 온 사람들에게 떡 자루를 자랑하지 않았다.

(4) 마음은 떡 부스러기를 모은 떡 자루를 제일 아껴 그것을 짊어지고 피난을 갔다.

내용 이해하기

2 돈 자루를 가져간 부자는 비가 많이 와서 산꼭대기에서 며칠 동안 굶자, 결국 돈 자루를 떡 부스러기 한 줌과 바꾸었다.

인물의 성격 파악하기

3 부자는 하구한 날 돈만 들여다보며 사는 욕심 많은 인물이다. 그해 여름, 마을에 비가 많이 오자, 부자는 돈 자루를 짊어지고 피난을 가게 된다. 그러나 먹을 것이 없는 부자는 돈 자루를 마음의 떡 부스러기 한 줌과 바꾸게 되므로 어리석은 사람이라고 할 수 있다.

감상의 적절성 파악하기

4 부자는 한 푼이라도 아끼려고 마음에게 밥 대신 강냉이로 만든 떡을 준 것이므로 '혜인'의 대화는 알맞지 않다.

인물의 마음 짐작하기

5 "아이고, 얘야. 이 돈 자루 다 줄 테니 제발 그 떡 부스러기 한 줌만 다오."를 통해 알 수 있는 부자의 마음은 배고픔에 지쳐 떡 부스러기 한 줌을 원하는 간절한 마음이다.

인물의 마음 짐작하기

6 마음은 돈만 알고 자신에게 인색하게 굴던 부자가 드디어 나눔의 소중함을 깨달았다고 생각할 것이다.

7 예시 답안

7 어느새 비가 그치고 사람들은 마을로 내려왔다. 마음은 쑥대밭이 되어 있었다. 마음은 돈 자루 덕분에 좋은 집과 밭과 논을 살 수 있다. 그러나 양반은 집과 돈 자루를 잃어서 가진 것이 없었다. 집도 양반은 마음의 집에서 마음살이하게 된다.

😀	작품의 내용을 구체적인 상황에 적용하여 썼고, 양반과 마음의 생활을 알맞게 썼습니다.
🙂	작품의 내용을 구체적인 상황에 적용하여 썼고, 양반과 마음의 생활 중 한 명의 상황만 썼습니다.
🙁	작품의 내용을 구체적인 상황에 적용하여 쓰지 못하였고, 양반과 마음의 생활을 모두 쓰지 못하였습니다.

15 도서 감상문의 특징

 책을 읽게 된 까닭에 ○

 책에서 중요한 장면에 ∼∼∼

 책을 읽고 생각한 점에 [ ]

3회독 ★ 내가 표시한 내용과 해설을 비교하며 읽어 보세요.

정의로운 법이란 무엇일까?

새 학기가 시작되고 얼마 되지 않았을 때였다. 선생님은 우리 모둠 반의 '법'을 만들자고 하셨다. 나는 선생님께 법이 무엇이냐고 여쭤보았다. 선생님은 '사람들이 안전하게 살기 위해 모두가 그렇게 하기로 정해 놓은 약속'이라고 하셨다. 아이들은 너도나도 법을 내놓았다. 도준이는 수업 대신 게임을 하자고 했고, 지성이는 숙제 당번이 모든 숙제를 다 하자고 했다. 그러자 선생님은 법에서 가장 중요한 한 가지가 '정의'라고 하셨다. 정의롭지 않으면, 법이 될 수 없다는 뜻이었다. 나는 정의로운 법이 무엇인지 궁금했다. 마침 도서관에서 『간디의 법 교실』이라는 책이 눈에 들어와서 쉽게 읽게 되었다.

책을 읽고 생각한 까닭에 밑줄 ─ 나는 정의로운 법이 무엇인지 궁금했다.

▲ 정의로운 법이 무엇인지 궁금해서 책을 읽게 되었다.

주인공 강준이는 교내 영화 동아리 '아야 시네마'의 회장이다. 강준이는 동아리를 자기 것이라고 생각한다. 그래서 제멋대로 동아리 회칙을 만든다. 동아리 회원들은 강준이의 이런 행동에 불만을 터뜨리고, 결국 탈퇴하겠다며 나가 버리려 한다. 친구들을 쫓아 밖으로 나가던 간디는 강준이는 과거 인도로 시간 여행을 떠나게 된다. 그곳에서 만난 간디는 강준이에게 '소금법'에 대해 이야기해 준다. 소금법은 당시 인도를 지배하고 있었던 영국 정부가 만든 법이다. 소금법 때문에 인도 사람들은 소금을 만들 수 없고, 영국에서 수입해 오는 소금을 비싼 값으로 살 수밖에 없었다. 간디와 인도 사람들은 이 법에 반대하기 위해 소금 행진을 한다. 결국 간디 일행은 390킬로미터를 걸어 바닷가에 도착해 소금을 얻는다. 시간 여행을 통해 강준이는 법이 공평하고 올바르게 만들어져야 함을 깨닫게 된다. 현실로 돌아온 강준이는 동아리 회원들에게 예전의 자기 잘못을 사과한다. 그리고 모두 다 함께 평등하고 올바른 회칙을 정하고 제

간디와 일행들이 나쁜 법에 맞서 싸우는 부분
강준이가 자신의 잘못을 바로잡고 올바른 법을 만드는 부분

안한다.

▲ 독단적으로 행동했던 강준이가 간디를 만난 후, 법이 공평하고 올바르게 만들어져야 함을 깨닫는다.

책에서 가장 인상 깊었던 부분은 간디와 인도 사람들이 소금 행진하는 부분이었다. 끝까지 폭력을 쓰지 않고 평화롭게 행진하는 모습이 참 대단했다. 마지막에 온갖 고난을 이겨 내고 마침내 소금을 얻는 장면에서 코끝이 찡했다.

▲ 책에서 소금 행진하는 부분이 가장 인상 깊었다.

[이 책을 읽고 정의로운 법은 모두가 함께 만들고, 모두에게 이로운 법이라 책을 읽고 생각한 부분 고 생각했다. '평등'이라는 두 글자가 마음속에 떠올랐다. 법은 절대 누군가의 이익을 위해 만들어져서는 안 된다. 힘이 센 사람 때문에 힘이 약한 사람이 희생당한다면 그건 나쁜 법이다. 그리고 나쁜 법이 있다면 간디와 인도 사람들처럼 여럿이 힘을 합쳐 올바른 방법으로 법을 고쳐야 한다. 법을 만드는 일, 나아가 나쁜 법을 법을 올바른 법으로 바꾸는 일은 모두가 동의해야 한다.]

▲ 책을 읽고 정의로운 법은 모두가 함께 만들고, 모두에게 이로운 법이라고 생각했다.

★ 새롭게 되 낱말이나 어려운 낱말들을 써 보세요.

_____

_____

_____

_____

_____

 확인하기

① 까닭 ② 간디 ③ 소금 ④ 정의

102-103쪽

1 (2)○ **2** ② **3** (1)② (2)① (3)③ **4** ①, ②, ④, ⑤, ③
5 ⑤ **6** 예시 답안 참고

글의 목적 파악하기

1 글쓴이는 『간디의 밤 교실』을 읽은 경험과 책에서 보고 느낀 '정의로운 법이 무엇인가'에 대하여 정리하려고 이 글을 썼다.

내용 파악하기

2 선생님은 아이들이 내용을 법을 듣고, 법에서 가장 중요한 한 가지가 '정의'라고 말하고 있다.

① 수업 대신에 게임을 하자는 법을 내놓은 도준이다.
③ 이 글에서 선생님이 독서 감상문을 써 오라고 하는 내용은 나타나 있지 않다.
④ 우리 반의 법은 '나'가 아닌 선생님의 제안으로 만들게 되었다.
⑤ 아이들은 너도나도 법을 내놓았다고 하였으므로 알맞지 않다.

독서 감상문의 내용 파악하기

3 글쓴이가 '책을 읽게 된 까닭'은 독서 감상문의 처음 부분에, '인상에 남는 부분'은 가운데 부분에, '책을 읽고 생각한 점'은 끝부분에 나타나 있다.

일이 일어난 차례 알기

4 ① 강준이는 제멋대로 동아리 회칙을 정한다. ➡ ② 그리고 과거 인도로 시간 여행을 가서 간디를 만난다. ➡ ④ 그곳에서 간디와 인도 사람들은 나쁜 법인 소금법에 반대하기 위해 행진하는 것을 깨닫는다. ➡ ⑤ 현실로 돌아온 강준이는 밤을 이 공평하고 올바르게 만들어야 함을 깨닫는다. ➡ ③ 강준이는 동아리 회원들에게 다시 회칙을 정하자고 제안한다.

글쓴이의 의도 짐작하기

5 글쓴이는 간디와 인도 사람들이 소금 행진하는 부분이 가장 인상 깊었다고 하였다. 따라서 인도로 시간 여행을 떠나는 강준이에 대한 부러움이 드러나 도록 인상 깊은 장면을 고른다는 것은 알맞지 않다.

6 예시 답안

- 제목: 역지사지가 필요해
- 책을 읽게 된 까닭: 『내 멋대로 선생님 뽑기』라는 제목이 많이 들어 책을 읽었다.
- 책 내용: 나는 담임 선생님이 마음에 들지 않는다. 우연히 담임 선생님 뽑기 통을 발견하고, 원하는 선생님을 적어 넣는다. 나는 원하는 선생님이 담임이 되어 좋았지만, 결국은 선생님의 역할이 힘들다는 것을 깨닫는다. 원래의 담임 선생님을 만난 나는 선생님께 고맙다는 말을 전하게 된다.
- 책을 읽고 생각한 점: 다른 사람의 입장이 되어 보지 않으면, 그 사람의 마음을 알 수 없다.

6 예시 답안

😆	독서 감상문의 네 가지 내용을 알맞게 썼습니다.
🙂	독서 감상문의 두세 가지 내용을 알맞게 썼습니다.
🙁	독서 감상문의 네 가지 내용을 알맞게 쓰지 못하였습니다.

16

이야기에 쓰인 어휘

- 이야기 속 등장인물에 ○
- 동물이 사람처럼 말하고 행동하는 부분에 〰
- 이야기에서 일어난 일에 [ ]

3회독 ★ 내가 표시한 내용과 예시 답을 비교하며 읽어 보세요.

책 먹는 여우의 봄 이야기

여우 아저씨는 머리를 긁적이다가 오른쪽 귀를 조물락거렸어요. 지난겨울 내내 종이에 옮겨 놓은 글을 다시 한번 천천히 읽어 보는 중이었어요.
"좋아! 점점 ……."
(여우가 사람처럼 말하고 행동하는 부분)
경우, 세계 일주 여행, 주자전이 벌어지는 흥미진진한 이야기였어요. 여우 아저씨는 이 이야기가 마음에 쏙 들었어요. 마지막 부분에 뭔가 기발한 결말이 없다는 것 말고는요.

▲ 여우 아저씨는 자기가 쓴 이야기가 마음에 들었지만 기발한 결말이 없어 아쉬웠어요.

여우 아저씨의 친구이자 출판사 사장인 (빛나리 씨)가 여우 아저씨에게 전화를 걸고 있었어요. *(빛나리 씨가 사람처럼 말하고 행동하는 부분)* 빛나리 씨가 여우 아저씨가 쓴 이야기를, 서점에서 사거나 도서관에서 빌릴 수 있는 책으로 만들어요. 새 책을 언제 완성할 건지 물어보려고 여우 아저씨에게 벌써 열다섯 번도 넘게 전화를 걸고 있거든요. 정말 더는 미룰 수 없었어요.
"잠깐 좀 쉴까!"
(여우가 사람처럼 말하고 행동하는 부분)
여우 아저씨는 혼잣말을 하며 씩 웃었어요.
'산책 삼아 김 모퉁이 서점에 한번 가 볼까. 그럼 기분이 좋아질 거야. 봄 공기를 느끼고 맛있는 새 책을 보면 기억처럼 좋은 생각이 떠오를지도 몰라.'

▲ 여우 아저씨는 좋은 생각을 떠올리기 위해 서점에 가기로 했어요.

(중략)

여우 아저씨는 그렇게 새로 나온 책 다섯 권을 사서 기분 좋게 김모퉁이 서점을 나왔어요. 봄 햇살이 내리쬐는 아주 맑은 날이었어요.

날씨가 너무 좋아서 여우 아저씨는 잠시 숲에서 쉬기로 했어요. 오늘 새로 산 '신선한 책'을 몇 쪽이라도 얼른 맛보고 싶었어요.
숲속 빈터에 햇빛이 적당히 비치는 나무 그루터기가 보였어요. 책을 먹기에 딱 좋은 완벽한 '의자'였어요.
여우 아저씨는 벌써 군침이 돌았어요. 책 속에 주둥이를 깊이 넣을 생각에, *(여우가 사람처럼 행동하는 부분)* 그 의자에 이미 누군가 자리를 잡았다는 걸 눈치채지 못했어요.
그 의자에는 조그만 (분홍색 곤충) 한 마리가 먼저 와 있었어요. 열심히 몸단장을 하는 중이었지요. 그러다가 자신에게 드리워지는 여우 아저씨의 엉덩이 그림자를 보고 깜짝 놀랐어요. *(분홍색 곤충이 사람처럼 행동하는 부분)*

▲ 여우 아저씨는 신선한 책을 맛볼 생각에, 의자에 앉은 분홍색 곤충을 보지 못했어요.

분홍색 곤충은 가까스로 몸을 피했어요. 하지만 여우 아저씨의 조심성 없는 행동 때문에 단단히 화가 났어요. 그래서 자신이 얼마나 화가 났는지 여우 아저씨에게 똑똑히 보여 주기로 했어요.
[분홍색 곤충이 성난 침이 엉덩이에 꽂히자마자 여우 아저씨가 사람처럼 행동하는 부분]
가 온 숲에 쩌렁쩌렁 울렸어요.
"아우으으으우우!"

▲ 분홍색 곤충은 여우 아저씨의 엉덩이에 침을 꽂았어요.

불쌍한 여우 아저씨는 눈앞이 온통 깜깜…… 아니, 분홍빛으로 변했어요.
화가 난 분홍색 곤충은 여우 아저씨의 엉덩이에 침을 꽂았어요.

★ 새로 알게 된 낱말이나 어려운 낱말을 써 보세요.

_____

_____

_____

_____

구조 읽기
① 결말 ② 서점 ③ 책 ④ 분홍색

110~111쪽

1 ② **2** ① **3** ④ **4** 사람처럼, 재미있고 **5** ④ **6** (3)○
7 예시 답안 참고

중심 인물 파악하기

1 이 글은 숲속 빈터의 의자에 앉아 책을 먹으려다가 분홍색 곤충에게 양보
이를 쓰인 여우 아저씨에 관한 이야기로, 중심이 되는 인물은 여우 아저씨
이다.

내용 파악하기

2 여우 아저씨는 마음에 쏙 드는 이야기를 쓰지만, 결말이 맘에 들지 않는다.
김모둥이서점에서 새 책을 맛보면 기저처럼 좋은 생각이 떠오를 것이라 생
각하고 김모둥이서점에 가게 된다.

표현 방법 파악하기

3 의인법은 사람이 아닌 것을 사람처럼 말하고 느끼고 행동하는 것으로 표현
한 것이다. ⓒ'분홍색 곤충은 근심으로 몸을 피했어요.'는 분홍색 곤충의 행
동을 그대로 그려 낸 것으로 사람처럼 표현하지 않았다.

표현 방법의 효과 파악하기

4 의인법을 사용하면, 대상이 사람처럼 말을 하고 행동하는 것처럼 재미있고
진솔하게 표현할 수 있다.

감상의 적절성 파악하기

5 의인법으로 여우 아저씨를 인간처럼 표현하여 재미있고 진솔하게 나타낸
이야기이므로, ④와 같은 감상은 알맞지 않다.

감상하기

6 '여우 아저씨는 눈앞이 온통 깜깜······ 아니, 분홍빛으로 변했어요.'라는 부
분을 통해 분홍빛과 연관된 일이 벌어질 것임을 짐작할 수 있다. 눈앞이 분
홍빛으로 변한다는 것은 사람에 빠지는 것을 의미한다.

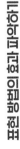

7 예시 답안 참새는 진심을 담아 노래를 불렀어요. 그 노래를 들은 숲속 친구
들은 모두 감동하였어요.

😄	의인법을 사용해 그림의 내용에 어울리는 이야기를 썼습니다.
🙂	의인법을 사용하였지만, 꾸며 쓴 이야기가 그림의 내용과 맞지 않습니다.
🙁	의인법을 사용하지 않았고, 그림의 내용에 어울리는 이야기도 쓰지 못하였습니다.

3단계 B • 정답 및 해설 **35**

17 의견과 이유

- 글의 중심 글감에 〇
- '의자 없는 지하철'에 대한 의견과 이유에 ~~~
- 글쓴이의 의도가 드러난 문장에 [ ]

★ 새로 알게 된 낱말이나 어려운 낱말을 써 보세요.

★ 내가 표시한 내용과 예시 답을 비교하며 읽어 보세요.

지하철에 의자가 없다고?

중심 글감 '의자 없는 지하철'

지하철에 의자가 없다면 어떨까요? 2024년 서울 지하철 4호선과 7호선이 노약자석을 제외한 나머지 의자를 없앤 것이에요. 이자를 없앤 이유는 출퇴근 시간에 사람들로 혼잡한 지하철 문제를 해결하기 위해서라고 해요.

▲ 혼잡한 지하철 문제를 해결하기 위해 '의자 없는 지하철'을 운행하기로 했어요.

서울교통공사는 '의자 없는 지하철'의 효과가 나타나면, 이자를 없앤 칸을 더 늘리겠다고 하였어요. 일부 사람들은 '의자 없는 지하철'을 찬성하고 있어요. 하지만 이에 대해 반대하는 사람들도 있어요. 찬성하는 사람들의 의견과 반대하는 사람들의 의견에 대해 알아보아요.

'의자 없는 지하철'을 찬성하고 반대하는 의견에 대해 알아보도록 해요.

'의자 없는 지하철'을 찬성하는 사람들

찬성하는 의견 첫째, 교통 약자를 배려할 수 있어요. 휠체어를 사용하는 장애인이나 유모 찬성하는 이유 차를 끄는 사람들은 의자가 없는 것이 오히려 편리할 수 있어요. 공간이 넓어 진 만큼 휠체어나 유모차를 세워 놓을 수 있는 충분한 공간이 마련되기 때문 이에요. / 넷째, 한 칸만 의자가 없으니 큰 불편함이 없어요. 한 칸을 제외한 찬성하는 이유

둘째, 혼잡함이 줄어들어요. 출퇴근 시간에는 지하철에 사람들로 붐벼요. 찬성하는 이유 하지만 의자가 없으면 평소보다 두 배 이상 물러가 때문이에요. 지하철 의자를 없애면, 이 자의 공간만큼 사람이 탈 수 있는 공간이 줄어들어요. 그래서 더 많은 사람이 지하 철을 이용할 수 있어 혼잡함이 줄어들어요. / 둘째, 안전상의 문제가 없어요. '의자 없는 지하철'에도 노약자를 잡을 수 있는 지지대나 손잡이가 많이 설치 찬성하는 이유 되어 있어요. 그래서 서서 가는 사람들이 넘어서서 다칠 위험이 줄어들어요.

▲ 혼잡함이 줄고, 안전상의 문제가 없어요.

셋째, 교통 약자를 배려할 수 있어요. 휠체어를 사용할 수 있어요.

나머지 칸에는 기존처럼 의자가 마련되어 있어요. 그래서 의자에 앉아서 지하 철을 이용하고 싶다면 다른 칸을 이용하면 돼요.

▲ 교통 약자를 배려할 수 있고, 한 칸만 의자가 없으니 큰 불편함이 없어요.

'의자 없는 지하철'을 반대하는 사람들

반대하는 의견 첫째, 지하철이 더 혼잡해져요. 지하철에 의자가 없다면, 더 많은 사람이 지 반대하는 이유 하철을 타려고 몰릴 수 있어요. 그래서 열차 안은 사람들이 빽빽하게 들어차 서 더욱 혼잡해질 거예요. / 둘째, 안전사고의 위험성이 커져요. 사람들이 빽 반대하는 이유 빽하게 서 있으면, 안전한 거리를 유지하기 어려워요. 만약 한 명이 중심을 잃 고 넘어지면 여러 사람이 한꺼번에 쓰러질 수 있어요. 자칫 생명과 관련된 큰 사고로 이어질 수 있어요.

▲ 지하철이 혼잡해지고, 안전사고의 위험성이 커져요.

셋째, 교통 약자가 이용하기 어려워요. 몸이 불편하거나 몸집이 작은 사람 반대하는 이유 들은 서 있다 보면 이리저리 힘쓸리기 쉬워요. 교통 약자는 출퇴근 시간에 지 하철을 이용하기 더욱 힘들어질 수밖에 없어요. / 넷째, '유령 칸'이 될 수 있 반대하는 이유 어요. 사람들이 출퇴근 시간 이외에는 의자 없는 칸을 이용할 수밖에 없어요. 그러면 사람이 없어 텅 비어 있을 수밖에 없어요.

▲ 교통 약자가 이용하기 어렵고, '유령 칸'이 될 수 있어요.

[이렇게 '의자 없는 지하철'에 대한 찬성과 반대의 의견이 뜨거운 만큼, 의자 글쓴이의 의도 없는 칸을 늘리는 것에 대한 충분한 논의가 이루어져야 할 것이에요.]

▲ 의자 없는 칸을 늘리는 것에 대한 충분한 논의가 이루어져야 해요.

다시 읽기

1 의자   2 찬성   3 반대

116~117쪽

1 (3)○ **2** ① **3** ①배려 ②의자 ③늘어난다 ④안전사고 ⑤사람
4 의견, 이견, 이유 **5** ①, ③ **6** 가을 **7** 예시 답안 참고

중심 내용 파악하기

1 이 글에는 '의자 없는 지하철 운행'에 대해 찬성하는 사람들과 반대하는 사람들의 의견과 이유가 나타나 있다.

세부 내용 파악하기

2 1문단에 '의자 없는 지하철'은 열차 한 칸에서 노약자석을 제외한 나머지 의자를 없앤 것이라고 설명하고 있으므로 한 칸의 의자를 전부 없앤 것이라는 설명은 알맞지 않다.

주장하는 이유 파악하기

3 '의자 없는 지하철'을 찬성하는 이유는 교통 약자를 배려할 수 있다는 것과 의자에 앉고 싶으면, 다른 칸을 이용하면 된다는 점이 있다. '의자 없는 지하철'을 반대하는 이유는 승객의 혼잡함이 늘어나고, 안전사고의 위험성이 커지며, 출퇴근 시간 이외에는 의자 없는 칸에 사람이 앉지 않을 것이라는 점 등이 있다.

내용 파악하기

4 이 글은 '의자 없는 지하철'에 대한 찬성과 반대 의견을 이야기하고 있으며, 자신의 의견을 뒷받침하기 위해 다양한 이유를 근거로 들고 있다.

내용 적용하기

5 지하철 혼잡 문제를 해결하기 위해서 출퇴근 시간에 줄어든 지하철 열차 운행 횟수를 늘리고, 지하철 칸별 혼잡도를 안내하는 것도 도움이 된다.
② 자전거는 지하철 공간을 많이 차지하기 때문에, 출퇴근 시간에 자전거를 지하철에 가지고 타는 것은 알맞지 않다.

비판하기

6 글쓴이는 마지막 문단에서 '의자 없는 칸을 늘리는 것에 대한 충분한 논의가 이루어져야 한다고 말하였다. 따라서 의견이 서로 다르니, '의자 없는 지하철'은 안 하는 편이 좋겠다고 말한 '가을'이의 말은 알맞지 않다.

예시 답안

7 예시 답안
- 찬성한다: 지하철을 탈 때 승객이 많으면 몸을 움직이기 불편하기 때문이다. 의자를 없애고 지지대와 손잡이를 충분히 설치하면 공간이 넓어질 것이다. 그러면 의자가 있는 것보다 오히려 복잡하지 않게 지하철을 이용할 수 있다.
- 반대한다: 교통 약자가 지하철을 타기 어렵기 때문이다. 아무리 지지대나 손잡이가 있어도 교통 약자는 넘어지거나 다치기 쉽다. 의자가 있어야 사고를 막을 수 있다.

	자신의 의견을 뒷받침하는 이유를 설득력 있게 썼습니다.
	자신의 의견을 뒷받침하는 이유를 설득력 있게 쓰지 못했습니다.
☹	자신의 의견이 분명하게 나타나지 않았으며, 이유도 설득력 있게 쓰지 못했습니다.

18 여행일 구성

3회독 ★ 내가 표시한 내용과 답을 비교하며 읽어 보세요.

신라 천년의 보물 창고, 경주

여행을 하게 된 까닭에 ○
여행하면서 느끼거나 생각한 것에 〰
경주의 문화유산에 [ ]

1 일주일 전, 텔레비전에서 '천년의 미소'라고 불리는 기와를 보았다. 신라 시대에 만들어진 이 기와는 미소 짓는 사람의 얼굴 모양을 하고 있었다. 얼굴 한쪽이 깨져 있는데도 미소가 아름답다고 유명하다고 한다. 온화하게 웃는 기와를 보니 나도 덩달아 기분이 좋아졌다. 나는 부모님께 그 기와를 직접 보고 싶다고 말씀드렸다.

(좋아! 우리 주말에 보물을 찾으러 경주에 가 보자.) — 경주의 문화유산

나는 어떤 보물을 찾는 건지 궁금하였다. 엄마께서 일단 가 보면 알게 될 거라고만 하셨다.

▶ 우리 가족은 '천년의 미소'를 직접 보기 위해 경주에 가기로 하였다.

2 주말이 되어 우리 가족은 경주로 가는 버스에 몸을 실었다. 경주에 도착하자마자 [불국사]로 향하였다. '부처 불(佛)'에 '나라 국(國)' 자를 쓰는 불국사는 부처님이 나라라는 뜻을 가진 절이다. [백운교와 청운교]라고 불리는 돌다리와 자하문을 지나 대웅전 안으로 들어가니 [석가탑과 다보탑]이 마주 서 있었다. 아빠께서 두 탑은 신라 시대의 훌륭한 돌 다루기 솜씨를 잘 드러낸다고 알려 주셨다. 석가탑은 군더더기 없이 깔끔했고, 다보탑은 뾰족한 돌로 만든 것이 믿기지 않을 정도로 아름답고 화려하였다. 석가탑과 다보탑 모두 우리나라의 국보이다.

▶ 우리 가족은 불국사에서 백운교와 청운교, 다보탑과 석가탑을 보았다.

3 우리는 불국사를 모두 둘러본 뒤, [국립 경주 박물관]에 갔다. '천년의 미소'를 보기 위해서였다. '천년의 미소'의 정식 명칭은 '얼굴 무늬 수막새'이다. 천진한 미소를 담은 이 기와는 뛰어난 제작 기술과 높은 예술성을 인정받아 2018년에 우리나라의 보물로 지정되었다고 한다. 박물관에는 '천년의 미소' 외에도 신라 시대 왕들의 무덤에서 나온 유물들이 많이 전시되어 있었다.

박물관 외부에 있는 [성덕 대왕 신종]도 보았다. 이 종은 소리가 마치 엄마를 부르는 아이의 소리와 같아 '에밀레종'이라는 이름이 붙었다고 한다.

▶ 우리는 국립 경주 박물관에서 '얼굴 무늬 수막새'와 성덕 대왕 신종을 보았다.

4 다음으로 간 곳은 [대릉원]이었다. 대릉원은 산처럼 큰 왕들의 무덤이 자리하고 있었다. 거대한 왕릉 앞에 서니 마치 마치 소인국 사람이 된 것 같았다. 무덤 중에서 [천마총]은 안으로도 들어가 볼 수 있다. 천마총은 원래 155호 고분이라고 불렀는데, 발굴 조사를 하는 도중에 천마도가 나와 천마총이라고 부르게 되었다. 천마도는 말이 하늘로 올라가는 모양을 그린 그림이다. 책에서만 보았던 천마도를 비롯해 화려한 금관을 직접 보니 정말 신기하였다.

이처럼 뛰어난 문화유산을 남긴 조상들이 자랑스러웠다.

▶ 대릉원에서 왕들의 무덤과 천마도, 금관을 보았다.

5 여행을 마치고 집에 왔다. 경주에 '보물'을 찾으러 있는 보물 창고인 셈이었다. 이번 여행으로 우리 조상들이 남긴 문화유산들을 직접 볼 수 있어 좋았다. 또 문화유산들을 소중히 여기고, 지켜 나가야겠다고 생각하였다. 경주에는 아직 내가 못 본 유물과 유적이 정말 많다. 다음에 신라 천년의 보물을 간직한 경주를 다시 방문하고 싶다.

▶ 신라 천년의 보물을 간직한 경주를 다시 방문하고 싶다.

구조 읽기

① 경주   ② 불국사   ③ 대릉원   ④ 문화유산

★ 새로 알게 된 낱말이나 어려운 낱말을 써 보세요.

1 (2)○ **2** 선우 **3** (1)② (2)③ (3)① **4** (2)○ **5** ③
6 ②,④ **7** 예시 답안 참고

글의 목적 파악하기

1 이 글은 경주 여행을 다녀와서 쓴 기행문으로 여행에서 보고 듣고 느낀 것을 기록하였다.

세부 내용 파악하기

2 **1** 문단에서 '천년의 미소'라고 불리는 '얼굴 무늬 수막새'는 미소 짓는 사람의 얼굴 모양으로 만든 기와인데, 얼굴 한쪽이 깨져 있는데도 미소가 아름다워 유명해진 것임을 알 수 있다.

기행문의 내용 파악하기

3 (1) 글쓴이는 경주에 도착하자마자 불국사에 가서 석가탑과 다보탑을 보았다.

(2) 글쓴이는 국립 경주 박물관에서 '얼굴 무늬 수막새'와 성덕 대왕 신종을 보았다.

(3) 글쓴이는 대릉원에서 천마도를 비롯해 화려한 금관을 보았다.

글쓴이의 의견 파악하기

4 이 글의 **5** 문단에는 글쓴이가 여행하면서 좋았던 점과 앞으로의 각오 등이 담겨 있다. 글쓴이는 문화유산들을 소중히 여기고 지켜야겠다고 다짐하고 있다.

(1) 문화유산을 지킬 구체적인 방법은 이 글에 드러나지 않았다.

글의 내용 짐작하기

5 국립 경주 박물관이 어떤 곳인지 알려 주는 **보기**의 내용은 글쓴이가 국립 경주 박물관에 가서 보고 들은 것에 대해 쓴 **3** 문단에 들어가야 한다.

내용 추론하기

6 ② **2** 문단에서 '백운교와 청운교라고 불리는 돌다리'라는 부분을 통해 백운교가 돌로 만든 다리임을 알 수 있다.

④ **3** 문단에서 성덕 대왕 신종은 소리가 마치 엄마를 부르는 아이의 소리와 같아 '에밀레종'이라는 이름이 붙었다고 설명하고 있다.

7 예시 답안

· 여행 기간: 8월 1일 ~ 8월 3일까지
· 여행한 곳: 제주도
· 여행 중 이동한 경로: 성산일출봉, 만장굴, 가믄오름, 김녕 해수욕장

>ᆺ<	세 가지 내용을 모두 알맞게 썼습니다.
:·)	세 가지 내용 중에서 두 개를 알맞게 썼습니다.
:·(	세 가지 내용을 모두 알맞게 쓰지 못하였습니다.

19 의견을 뒷받침하는 자료

글쓴이의 의견에 ○

이견을 뒷받침하는 자료에 〜

생체 모방 기술의 전망에 [ ]

★ 새로 알게 된 낱말이나 어려운 낱말을 써 보세요.

---

3 회독 ★ 내가 표시한 내용과 내용에서 답을 비교하며 읽어 보세요.

생체 모방 기술로 미래를 바꾸자

생체 모방 기술이란 동물, 곤충, 식물을 본떠 무언가를 만드는 것을 뜻해요.

우리 주변에는 자연에서 영감을 얻어 만들어진 것이 무척 많아요. 비행기는 새의 모습을, 잠수함은 물고기를 본떠 만들었어요. '모방은 창조의 어머니'라는 말이 있듯이, 인간은 자연을 본떠 여러 가지 발명을 이루어 왔어요. 그래서 생체 모방 기술은 매우 중요해요. 우리는 미래를 위해 자연을 계속 연구해야 해요.

글쓴이의 의견

▲ 우리는 미래를 위해 자연을 계속 연구해요.

우리나라에는 'KTX-산천'이라고 불리는 고속 열차가 있어요. 이 열차는 민물고기인 산천어의 뾰족한 모양을 본떠 만들어졌어요. 그래서 앞머리는 부드러운 곡선을 이루고, 뒷부분은 납봅해요. 왜 산천어의 모양을 모방하게 되었을까요? 바로 소음 때문이에요. 고속 열차가 빠른 속도로 달리다 보면 공기와 부딪혀서 큰 소음을 내게 돼요. 큰 소음은 열차를 탄 승객과 열차가 지나가는 터널에 큰 피해를 줄 수 있어요. 그래서 고속 열차의 모양을 뾰족하게 만들어서 공기의 저항을 줄이게 되었어요. 철도 제작 업체의 통계에 따르면, 시속 300미터의 속도로 달렸을 때 평균 소음이 64데시벨이었어요. 이는 일반 고속 열차보다 2데시벨 정도도 낮은 수준이라고 해요.

통계자료

▲ 산천어를 모방한 고속 열차가 있어요.

지폐에서도 생체 모방 기술을 찾아볼 수 있어요. 지폐의 뒷면 오른쪽에는 숫자가 적혀 있어요. 이것은 가짜 지폐를 만드는 것을 막기 위해 특수한 잉크로 새긴 글씨예요. 이 특수한 잉크는 바로 나비의 날개를 본떠 만들어졌어요. 나비의 날개는 보는 각도에 따라서 그 색깔이 변해요. 나비의 날개가 빛을 흡수하거나 반사하기 때문이에요. 그래서 특수한 잉크로 새긴 오만 원권 지폐를

위에서 보면 숫자가 자홍색으로 보이고, 옆에서 보면 숫자가 녹색으로 보여요. 은행 관계자는 "특수한 잉크가 위조된 사례는 없다."라고 말하였어요.

인터뷰 자료

▲ 지폐 뒷면에 나비 날개를 응용한 잉크로 새긴 숫자가 적혀 있어요.

마지막으로 거미줄을 모방한 거미 실크가 있어요. 거미줄은 강철보다도 20배나 강하고 나일론보다도 잘 늘어나요. 그래서 거미는 자기 몸집보다도 커다란 곤충을 거미줄로 사냥할 수 있어요. 거미 실크는 단단하고 유연해서 방탄복이나 산업용 전선에 사용되고 있어요. 또 사람의 몸에 해를 주지 않아서 임플란트, 인공 관절, 수술용 실로 쓰여요. 앞으로는 근육이나 피부 같은 생체 조직도 만들어 낼 수 있을 것이라 기대하고 있어요. 실제로 2009년에 미국의 대학교에서 거미 실크로 만든 투명 풍선으로 인공 가막을 개발한 사례가 신문에 실리기도 하였어요.

신문자료

▲ 거미줄을 모방한 거미 실크로 다양한 제품들을 만들어요.

이처럼 생체 모방 기술은 다양한 분야에서 쓰이고 있어요. 생체 모방 기술 덕분에 우리 생활은 더욱 편리해졌어요. [앞으로 디자인, 의료, 에너지 분야에서 큰 변화를 불러일으킬 것으로 기대되고 있어요.] 그러므로 생체 모방 기술에 대해 더 많은 관심을 가져야 해요. 자연에 지혜를 배운다면, 우리의 미래는 지금과는 아주 다른 모습일 거예요.

생체 모방 기술의 전망

▲ 우리의 미래를 위해 생체 모방 기술에 대해 더 많은 관심을 가져야 해요.

무엇일까요

1 자연 2 고속 열차 3 나비 4 거미줄

1 (1)○ **2** ③ **3** ④ **4** ① **5** 헤인 **6** 예시 답안 참고

글의 종류 파악하기

1 이 글은 '생체 모방 기술'로 미래를 바꾸자는 의견을 사람들에게 설득하기 위해 의견을 뒷받침하는 객관적인 자료들을 제시하였다.

세부 내용 파악하기

2 '생체 모방 기술'은 자연에서 영감을 얻어 무언가를 만드는 것으로 동물이 사람처럼 살 수 있게 하는 방법을 연구하는 학문이 아니다.

① 비행기, 잠수함, KTX-산천이, 지폐의 숫자, 게미 실크 등은 자연을 본떠 발명된 것들이다.
② 비행기는 새의 모습을, 잠수함은 물고기를 본떠 만들었다.
④ 이 글의 첫 문장에서 '생체 모방 기술'의 뜻을 알 수 있다.
⑤ 5문단에서 '생체 모방 기술'의 전망에 대해 읽을 수 있다.

글쓴이의 의견 파악하기

3 글쓴이는 1문단에서 '생체 모방 기술'은 매우 중요해요. 우리는 미래를 위해 자연을 계속 연구해야 해요.'라고 말하였다. 또 5문단에서 '생체 모방 기술에 대해 더 많은 관심을 가져야 해요.'라고 말하였다. 따라서 글쓴이의 의견으로 알맞은 것은 ④이다.

자료의 적절성 파악하기

4 글쓴이는 이 글의 신뢰도를 높이기 위해 2문단에서는 철도 업체의 통계 자료를 사용하였고, 3문단에서는 전문가의 인터뷰 자료를 사용하였다. 그리고 4문단에서는 신문에 나온 실제 사례를 소개하였다. 그러나 속담이나 격언을 사용하지는 않았다.

감상하기

5 글쓴이는 '자연을 아끼고 사랑하자'는 의견을 내세우지는 않았다. 또한 이 글의 마지막 부분에서 생체 모방 기술이 '앞으로 디자인, 의료, 에너지 분야에서 큰 변화를 불러일으킬 것으로 기대된다는 의견을 밝히고 있다. 따라서 생각이나 느낌을 알맞게 이야기하지 못한 친구는 '헤인'으로 볼 수 있다.

6 예시 답안

• 필요한 자료: 1. 운동을 하는 학교와 하지 않는 학생들의 인터뷰 자료.
2. 대한민국과 다른 나라 학생들의 하업 시간을 비교한 통계 자료나 신문 자료 3. 높은 하업 시간이 학생들의 건강에 미치는 영향에 대한 전문가의 인터뷰 자료.

• 이 자료를 사용한 이유: 의견을 뒷받침하기에 내용이 적절하고 신뢰도를 높여 주는 객관적인 자료이기 때문이다.

	필요한 자료를 두 가지 이상 쓰고, '신뢰나 '객관'과 같은 단어를 사용하여 자료를 사용한 이유를 적절하게 썼습니다.
:D	필요한 자료를 한 가지 쓰고, '신뢰나 '객관'과 같은 단어를 사용하여 자료를 사용한 이유를 적절하게 썼습니다.
:)	필요한 자료를 쓰지 못하고, '신뢰나 '객관'과 같은 단어를 사용하여 자료를 사용한 이유를 적절하게 썼습니다.
:(	필요한 자료를 쓰지 못하고, '신뢰나 '객관'과 같은 단어를 사용하여 자료를 사용한 이유를 적절하게 쓰지 못하였습니다.

20 ○

보고하는 글의 목적

목적
- 조사 주제에 ○
- 조사 결과에 〰
- 조사 후 느끼거나 알게 된 점에 [ ]

★ 새로 알게 된 낱말이나 어려운 낱말을 써 보세요.

---

3 회독

★ 내가 표시한 내용과 예시 답을 비교하며 읽어 보세요.

물 사용 습관 조사 보고서

우리나라에서는 수도꼭지를 틀면 물이 콸콸 나와요. 그래서 평소에 물이 부족하다고 생각하지 않았어요. 그런데 얼마 전 뉴스를 보고 깜짝 놀랐어요. 우리나라가 물 부족 국가라는 거예요. 우리나라는 계절에 따라 비나 눈이 와서 생기는 물이 양이 불규칙해요. 그래서 유엔(UN)에서 우리나라를 물 부족 국가 가로 분류하고 있대요. 그런데도 물 사용량은 물 부족 국가 중에서 2위라고 해요. 지금 당장 물이 부족하지 않기 때문에 많은 사람이 물을 아껴 쓰지 않는 거예요. 하지만 물을 계속 낭비하면 전체 물이 부족해 물을 사용하는 데 불편해질 때가 올 수도 있어요. 모든 친구들은 물을 어떻게 사용하는지 궁금해졌어요. 그래서 (친구들의 물 사용 습관)을 조사하기로 하였어요.
〔조사 주제〕

▲ 우리나라가 물 부족 국가라는 뉴스를 보고, 친구들의 물 사용 습관을 조사하기로 했어요.

먼저 조사 대상과 조사 방법을 생각해 봤어요. 조사 대상은 우리 반 아이들로 정했어요. 우리 반 아이 중에서 20명이 친구가 흔쾌히 조사에 답해 주셨다고 했어요. 그리고 조사 방법은 전화나 문자 메시지보다는 직접 만나서 물어보기로 했어요. 그래서 20명에게 물어볼 질문지를 만들었어요.

1. 이를 닦을 때 컵에 물을 받아 사용하나요? (○, ×)
2. 샤워할 때 물을 잠그고 비누칠을 하나요? (○, ×)
3. 물을 마실 때 마실 만큼만 컵에 따라서 마시나요? (○, ×)
4. 물을 쓰고 난 후 수도꼭지가 잠겼는지 확인하나요? (○, ×)
5. 평소 자신이 물을 아껴 쓴다고 생각하나요? (○, ×)

▲ 나는 질문지를 만들어 친구 20명의 물 사용 습관을 물어보았어요.

조사한 결과, 1번에 ○표를 한 사람은 7명, 2번은 9명, 3번은 11명, 4번은 6 명, 5번은 5명이었어요.
〔조사 결과〕

양치질할 때 컵에 물을 받아서 하면 물을 절약할 수 있어요. 그런데 컵을 사용하는 사람이 7명밖에 안 되다니 깜짝 놀랐어요. 그리고 샤워하면서 비누칠할 때 물을 잠그지 않는 사람이 11명이나 된다니 정말 믿기 어려웠어요. 5번 질문에 ○표를 했는 작은 사람들이 ○표를 했어요. 많은 친구가 물 절약을 실천하지 않았어요. 사실 저도 평소에 물 절약을 잘 실천하고 있지 않 있어요.

▲ 조사 결과, 많은 친구가 물을 절약하는 습관이 몸에 배어 있지 않았어요.

이번 조사를 통해 깨달은 점이 많아요. [우리 모두 물이 소중함을 잘 모르 는 것 같아 걱정이에요. 그래서 학교에서 수업 시간에 물의 소중함과
〔조사 후 느끼거나 알게 된 점〕
물을 절약하는 방법을 많이 알려 주면 좋겠어요.]

▲ 우리 모두 물의 소중함을 잘 모르는 것 같아 걱정이에요.

앞으로 저는 우리 반 친구들과 함께 이번에 조사한 내용을 정리하고, 다른 반, 다른 학년 학생들이 물 사용 습관을 조사하기로 했어요. 또 조등학생이 물의 소중함을 알고, 물을 절약하기 위해 실천할 수 있는 일들을 찾아보고 목록을 만들 거예요. 그런 다음 그 내용들을 바탕으로 학교에서 물 절약 운동을 펼치려고 해요. 이 운동으로 더 많은 어린이가 물을 절약하는 습관을 가지면 좋겠어요.

▲ 더 많은 어린이가 물을 절약하는 습관을 갖도록 물 절약 운동을 펼치려고 해요.

참 잘했어요!

① 질문지　② 결과　③ 소중함

1 ⑤　**2** ②　**3** (1) ○　**4** ③　**5** 선미　**6** 예시 답안 참고

글의 목적 파악하기

1 이 글은 친구들의 물 사용 습관을 조사하고, 그 결과를 정리해서 쓴 조사 보고서이다.

세부 내용 파악하기

2 글쓴이는 얼마 전 유엔(UN)에서 우리나라를 물 부족 국가로 분류하고 있다는 뉴스를 보게 된다.
① 우리나라는 지금 당장 물이 부족하지 않기 때문에 많은 사람이 물을 아껴 쓰지 않고 있다.
③ 우리나라의 물 사용량은 물 부족 국가 중에서 2위이다.
④ 물을 계속 낭비하면 진짜 물이 부족해 물을 사용하는 데 불편해질 때가 올 수도 있다.
⑤ 우리나라는 계절에 따라 비나 눈이 와서 생기는 물의 양이 불규칙하다.

조사 대상과 방법 파악하기

3 글쓴이는 반 친구 20명에게 물 사용 습관을 질문지로 작성해 직접 붙여 보았다.

조사 결과 파악하기

4 '예'라고 대답한 친구가 11명, '아니요'라고 대답한 친구가 9명인 문항은 3번 문항인 '물을 마실 때 먹을 만큼만 컵에 따라서 마시나요?'이다.

내용 적용하기

5 보기를 읽고 글쓴이에게 보고서를 읽는 사람이 이해하기 쉽도록 조사 결과를 그래프로 보여 주라는 조언을 해 줄 수 있다.
• 누리: 조사 결과를 마음대로 바꾸거나 부풀려서는 안 되기 때문에, '누리'의 조언은 알맞지 않다.
• 해린: 다른 사람의 많이나 글을 하락 없이 가져다 쓰면 안 되기 때문에, '해린'의 조언도 알맞지 않다.

6 예시 답안

• 조사 결과: 한 달 동안 6권 이상의 책을 읽는 아이는 5명이었다. 또 15명의 아이가 지식을 쌓기 위해 책을 보았고, 그다음으로 재미를 위해 읽는 아이가 10명이 되었다.
• 조사 후 느끼거나 알게 된 점: 한 달 동안 책을 더 많이 읽으려는 노력이 필요해 보인다. 그리고 아무 생각 없이 책을 읽기보다는 목적을 정해 책을 읽는 것이 중요하다.

😊	조사 결과와 조사 후 느끼거나 알게 된 점을 모두 알맞게 썼습니다.
😐	조사 결과와 조사 후 느끼거나 알게 된 점 중에서 한 가지만 알맞게 썼습니다.
😟	조사 결과와 조사 후 느끼거나 알게 된 점을 모두 알맞게 쓰지 못하였습니다.

메모

달콤한 문해력 기본서 초등 3단계 B

펴 낸 날	2024년 11월 15일(초판 1쇄)
펴 낸 이	주민홍
펴 낸 곳	(주)NE능률

지 은 이	NE능률 문해력연구회
개 발 책 임	장명준
개 발	김경민, 유자연, 이은영, 이해준
디자인책임	오영숙
디 자 인	조가영, 한새미
제 작 책 임	한성일

등 록 번 호	제1-68호
I S B N	979-11-253-4886-3

대 표 전 화	02 2014 7114
홈 페 이 지	www.neungyule.com
주 소	서울시 마포구 월드컵북로 396(상암동) 누리꿈스퀘어 비즈니스타워 10층